本书出版受上海市高水平地方高校（学科）建设项目资助

ECUPL
1952-2022

税收饶让制度研究

李 娜 著

北京大学出版社
PEKING UNIVERSITY PRESS

华东政法大学70周年校庆丛书
编委会

主 任
郭为禄 叶 青 何勤华

副主任
张明军 王 迁

委 员
（以姓氏笔画为序）

马长山 朱应平 刘 伟 刘宪权 孙万怀
杜 涛 杜志淳 杨忠孝 李 峰 李秀清
肖国兴 何益忠 冷 静 沈福俊 张 栋
陆宇峰 陈金钊 陈晶莹 林燕萍 范玉吉
金可可 屈文生 胡玉鸿 贺小勇 徐家林
高 汉 高奇琦 高富平 唐 波

以心血和智慧服务法治中国建设

——华东政法大学 70 周年校庆丛书总序

华东政法大学成立 70 周年了！70 年来,我国社会主义法治建设取得一系列伟大成就;华政 70 年,缘法而行、尚法而为,秉承着"笃行致知,明德崇法"的校训精神,与共和国法治同频共振、与改革开放辉煌同行,用心血和智慧服务共和国法治建设。

执政兴国,离不开法治支撑;社会发展,离不开法治护航。习近平总书记强调,没有正确的法治理论引领,就不可能有正确的法治实践。高校作为法治人才培养的第一阵地,要充分利用学科齐全、人才密集的优势,加强法治及其相关领域基础性问题的研究,对复杂现实进行深入分析、作出科学总结,提炼规律性认识,为完善中国特色社会主义法治体系、建设社会主义法治国家提供理论支撑。

厚积薄发七十载,华政坚定承担起培养法治人才、创新学术价值、服务经济社会发展的重要职责,为构建具有中国特色的法学学科体系、学术体系、话语体系,推进国家治理体系和治理能力现代化提供学理支撑、智力支持和人才保障。砥砺前行新时代,华政坚定扎根中国大地,发挥学科专业独特优势,向世界讲好"中国之治"背后的法治故事,推进中国特色法治文明与世界优秀法治文明成果交流互鉴。

"宛如初升的太阳,闪耀着绮丽的光芒"——1952 年 11 月 15 日,华东政法学院成立之日,魏文伯院长深情赋诗,"在这美好的园地上,让我们做一个善良的园丁,勤劳地耕作培养,用美满的收获来酬答人民的期望"。1956年6月,以"创造性地提出我们的政治和法律科学上的成就"为创刊词,第一本法学专业理论性刊物——《华东政法学报》创刊,并以独到的思想观点和理论功力,成为当时中国法学研究领域最重要的刊物之一。1957年2月,更名为《法学》,坚持"解放思想、不断进步"的治学宗旨,紧贴时代发展脉搏、跟踪社会发展前沿、及时回应热点难点问题,不断提升法学研究在我国政治体制改革中的贡献度,发表了一大批高水平的作品。对我国立法、执法和司法实践形成了重要理论支持,在学术界乃至全社会产生了巨大影响。

1978年12月,党的十一届三中全会确定了社会主义法制建设基本方针,法学教育、法学研究重新启航。1979年3月,华东政法学院复校。华政人勇立改革开放的潮头,积极投身到社会主义法制建设的伟大实践中。围绕"八二"宪法制定修订、土地出租问题等积极建言献策;为确立社会主义市场经济体制、加入世界贸易组织(WTO)等提供重要理论支撑;第一位走入中南海讲课的法学家,第一位WTO争端解决机构专家组中国成员,联合国预防犯罪和控制犯罪委员会委员等,都闪耀着华政人的身影。

进入新世纪,在老一辈华政学人奠定的深厚基础上,新一代华政人砥砺深耕,传承中华优秀传统法律文化,积极借鉴国外法治有益成果,为中国特色社会主义法治建设贡献智慧。16卷本《法律文明史》陆续问世,推动了中华优秀传统法律文化在新时代的创造性转化和创新性发展,在人民代表大会制度、互联网法治理论、社会治理法治化、自贸区法治建设,以及公共管理、新闻传播学等领域持续发力,华政的学术影响力、社会影响力持续提升。

党的十八大以来,学校坚持以习近平新时代中国特色社会主义思想为指导,全面贯彻党的教育方针,落实立德树人根本任务,推进习近平法治思想的学习研究宣传阐释,抓住上海市高水平地方高校建设契机,强化"法科一流、多科融合"办学格局,提升对国家和上海发展战略的服务能级和贡献水平。在理论法学和实践法学等方面形成了一批"立足中国经验,构建中国理论,形成中国学派"的原创性、引领性成果,为全面推进依法治国,建设社会主义法治国家贡献华政智慧。

建校70周年,是华政在"十四五"时期全面推进一流政法大学建设,对接国家重大战略,助力经济社会高质量发展的历史新起点。今年,学校将以"勇担时代使命、繁荣法治文化"为主题举办"学术校庆"系列活动,出版"校庆文丛"即是其重要组成部分。学校将携手商务印书馆、法律出版社、上海人民出版社、北京大学出版社等,出版70余部著作。这些著作包括法学、政治学、经济学、新闻学、管理学、文学等多学科的高质量科研成果,有的深入发掘中国传统法治文化、当代法学基础理论,有的创新开拓国家安全法学、人工智能法学、教育法治等前沿交叉领域,有的全面关注"人类命运共同体",有的重点聚焦青少年、老年人、城市外来人口等特殊群体。

这些著作记录了几代华政人的心路历程,既是总结华政70年来的学术成就,展示华政"创新、务实、开放"的学术文化;也是激励更多后学以更高政治站位、更强政治自觉、更大实务作为,服务国家发展大局;更是展现华政这所大学应有的胸怀、气度、眼界和格局。我们串珠成链,把一颗颗学术成果,汇编成一部华政70年的学术鸿篇巨作,讲述华政自己的"一千零一夜学术故事",更富特色地打造社会主义法治文化引领、传承、发展的思想智库、育人平台和传播高地,更高水准地持续服务国家治理体系和治理能力现代化进程,更加鲜明地展现一流政法大学在服务国际一流大都市发展、服务长三角一体化、服务法治中国建设过程中的新作为、新担当、新气象,向学校70年筚路蓝缕的风雨征程献礼,向所有关心支持华政发展的广大师生、校友和关心学校发展的社会贤达致敬!

七秩薪传,续谱新篇。70年来,华政人矢志不渝地捍卫法治精神,无怨无悔地厚植家国情怀,在共和国法治历史长卷中留下了浓墨重彩。值此校庆之际,诚祝华政在建设一流政法大学的进程中,在建设法治中国、实现中华民族伟大复兴中国梦的征途中,乘风而上,再谱新章!

郭为禄

叶　青

2022年5月4日

前　言

自英国在1953年提出建立税收饶让制度(Tax Sparing Mechanism)以来,理论界及法律实务界一直都对该制度存在着较大的争议。争议焦点集中在以下几个方面:(1) 税收饶让制度的性质和功能;(2) 税收饶让制度与外商直接投资之间的关系;(3) 税收饶让制度与国家税收主权之间的关系;等等。这些都是理论研究中的重要内容,而且这些争论也影响了一些国家的税收政策和经济政策,中国、美国、日本、新加坡等国对税收饶让制度采取了不同策略。

本书先描述税收饶让制度的发展历程,剖析其理论依据,探讨争议焦点,以及比较代表性国家和国际组织的不同实践。第一章采用文献分析法和历史观察法,描述税收饶让制度的概念、主要类型、发展历程以及争议焦点。第二章探讨税收饶让制度的性质和功能,包括对外援助工具论、境外税收抵免法修补工具论、税收主权工具论和税权公平分配工具论。第三章采用经济学理论文献分析法,论述税收饶让制度与外商直接投资之间的关系,包括税收对外商直接投资的影响、税收优惠措施对外商直接投资的影响以及税收饶让制度对外商直接投资的影响。第四章论证税收饶让制度与国家税收主权之间的关系,即税收协定的税收饶让制度条款与缔约国国内税法之间的关系,其实质是国际税法(税收协定)与国内税法之间的优先适用问题。第五章是比较研究,首先进行国别比较研究,即比较发达国家(英国、美国、日本)与发展中国家(巴西、新加坡①、中国)对于税收饶让制度的不同立场;然后进行国际组织比较研究,即比较经济合作与发展组织、联合国、世界贸易组织对于税收饶让制度的不同观点。

从第六章开始,本书通过分析税收饶让制度对于欧盟成员国吸引中国投资的影响作用,论证税收饶让制度对欧盟成员国博弈竞争具有重要影响,并在当前经济全球化背景下和全球税收治理背景下重新审视税收饶让制度的性质,提出税收饶让制度并非对外援助工具,而是可被缔约国双方使用,将国际税收博弈从"两方博弈"改为"三方博弈"的一项技术性工具。在第七章,作者探讨了重构税收饶让制度的路径和方案,并且草拟了税收饶让示范条款。最后,作者在第八章结语部分展望了税收饶让制度的未来。

李　娜

2021 年 12 月 31 日

于上海

---

① 关于新加坡应被归类为发展中国家还是发达国家,联合国、世界银行以及世界贸易组织等基于不同的经济数据和判断标准,至今仍未形成一致的归类。在本书中,作者基于一个基本理由将新加坡归类为发展中国家:新加坡不是 OECD 成员国,虽然其人均国民生产总值已高于一些 OECD 成员国。在国际税法领域,一国是否为 OECD 成员国,已被普遍用作分析和评判该国税收政策的一个基本要素。OECD 在国际税收软法治理,尤其是税收协定范本及税收饶让报告方面虽具有重大影响力,但鉴于其大部分成员都是发达国家,OECD 的税收软法性文件明显倾向于保护发达国家作为居民国的税收利益。新加坡作为非 OECD 成员国,其多年来的税收政策和实践与 OECD 文件具有明显差异。

缩 略 语 表

(按缩略语字母排序)

缩略语	英文全称	中文全称
BEPS	Base Erosion and Profit Shifting	税基侵蚀和利润转移
CFC	Controlled Foreign Corporation	受控外国企业
DISC	Domestic International Sales Corporation	国内国际销售公司
EU	European Union	欧盟
FDI	Foreign Direct Investment	外商直接投资
GATT	General Agreement on Tariffs and Trade	关税及贸易总协定
OECD	Organization for Economic Co-operation and Development	经济合作与发展组织
SCM	Subsidies and Countervailing Measures	补贴与反补贴措施
UN	United Nations	联合国
UNCTAD	United Nations Conference on Trade and Development	联合国贸易和发展会议
WTO	World Trade Organization	世界贸易组织

目 录

第一章 税收饶让制度概述 ··· 1
  一、概念 ··· 1
  二、主要类型 ··· 3
  三、发展历史 ·· 25
  四、争论焦点 ·· 31

第二章 关于税收饶让制度性质和功能的争论 ······················· 41
  一、对外援助工具论 ·· 42
  二、境外税收抵免法修补工具论 ·································· 45
  三、税收主权工具论 ·· 49
  四、税权公平分配工具论 ·· 53

第三章 关于税收饶让制度与外商直接投资之间关系的争论 ········· 55
  一、税收对外商直接投资的影响 ·································· 55
  二、税收优惠措施对外商直接投资的影响 ·························· 67
  三、税收饶让制度对外商直接投资的影响 ·························· 70

第四章　关于税收饶让制度与国家税收主权之间关系的争论 …… 77
　　一、税收饶让制度与国家税收主权独立原则之间的关系 …… 77
　　二、税收饶让制度与来源国征税权之间的关系 …………… 82
　　三、税收饶让制度与居民国征税权之间的关系 …………… 90

第五章　国别研究与国际组织研究 ………………………… 102
　　一、发达国家 ……………………………………………… 102
　　二、发展中国家 …………………………………………… 115
　　三、国际组织 ……………………………………………… 130

第六章　实证研究：以中国和欧盟成员国为例 …………… 145
　　一、实证对象的选择 ……………………………………… 145
　　二、中国与欧盟成员国之间的税收饶让制度 …………… 148
　　三、技术性分析：税收饶让制度对中国和欧盟成员国的
　　　　影响 ……………………………………………………… 165
　　四、博弈分析：税收饶让制度对税收竞争的影响 ……… 187
　　五、会计测算：税收饶让制度对中国居民赴欧投资的影响 … 194

第七章　重构税收饶让制度 ………………………………… 199
　　一、在经济全球化背景下重新审视税收饶让制度 ……… 199
　　二、在全球税收治理背景下重新审视税收饶让制度 …… 211
　　三、重构税收饶让制度的路径和方案 …………………… 221

第八章 税收饶让制度的未来 …………………………… 227
 一、税收饶让制度的新理论 …………………………… 227
 二、税收饶让制度的新实践 …………………………… 229
 三、中国对于税收饶让制度的新立场 ………………… 230

后　记 ……………………………………………………… 236

第一章
税收饶让制度概述

一、概　　念

税收饶让制度（Tax Sparing Mechanism）也称"税收饶让抵免制度"，是国际税收领域中一项争议性颇大的税收制度。该制度一般由缔约国在双边税收协定中约定，当居民国采用境外税收抵免法来消除本国居民的境外所得或财产收益的国际重复征税问题时，对于来源国并未征收的全部或部分所得税税款，居民国承诺将视同其居民已经在来源国纳税，从而居民国将允许其居民用这些来源国实际上并未征收的税款去抵免在居民国应缴纳的所得税税额。由此可见，适用税收饶让制度必须同时具备以下三个条件：一是从居民国角度而言，居民国的税收制度应是对其税收居民的全球收入征税，并且采用境外税收抵免法来消除国际重复征税问题；二是从来源国角度而言，来源国应是放弃了全部或部分征税权，放弃征税权的依据可以是其国内法中的税收减免优惠措施，也可以是来源国与居民国税收协定所规定的较低预提所得税税率；三是在与来源国缔结的双边协定中，居民国作出税收饶让承诺，即允许其居民抵免在来源国实际未缴纳的税收。

税收饶让制度建立在国家税收主权独立原则的基础之上，同时也能在一定程度上体现出国际税收协定对于缔约国行使税收主权的限制和约束。根据国家主权独立原则和国家主权平等原则，国家在行使税收管辖权时有权决定向谁征税、对什么行为征税、征收多少税以及如何征税，而且国家行使税收管辖权时不应受其他国家或国际组织的干涉。根据国家税收主权独立原则去行使税收管辖权的结果，是各国的税收制度和税收征管方法经常存在差异，但是在所得税制度上却基本采用了两类规则：一是属人税收管辖权规则，二是属地税收管辖权规则。

属人税收管辖权规则是指国家基于纳税人在本国境内存在税收居所等连结因素，而对该纳税人行使征税权，因此纳税人一般应承担无限的纳税义务，即就其全球收入在该国纳税。由于属人税收管辖权规则所依据的是纳税人的居民身份或税收居所因素，所以也称为"从人征税"或"居民国税收管辖权"。属地税收管辖权规则是指国家对从该国领域范围内取得的收入所行使的课征税收权力，因此属地税收管辖权规则所赋予纳税人的是有限的纳税义务，即仅就来源于该国境内的所得向该国纳税。由于属地税收管辖权规则是以征税对象与征税国领土之间存在的经济利益联系为依据，所以也被称为"从源征税"或"来源国税收管辖权"。

当甲国采用属人税收管辖权规则，而乙国采用属地税收管辖权规则时，对于甲国税收居民来源于乙国的收入，甲乙两国都有课征所得税的权力，因此会因税收管辖权交叉而发生国际重复征税现象。为了避免国际重复征税，各国一般会在国内税法中规定一些方法，例如境外收入免税法、境外税收扣除法或境外税收抵免法等。当居民国采用的是境外税收抵免法时，如果居民国所得税税负较高，其税收居民通常会无法享受到来源国提供的税收优惠，因为其税收居民在抵免了来源国税收后，还需要向居民国补交两国税收的差额。这就导致了来源国根据其税收优惠措施所放弃的所得税收入，实际上将流入居民国的国库，于是来源国将无法达成以税收优惠来吸引居民国投资者的政策目的。所以在双边税收协定中约定采用税收饶让制度，往往就会成为处于来源国一方的缔约国极力争取的协定内容。

税收饶让制度的直接受益方一般是居民国的税收居民，因为对于其在来源国并未缴纳的所得税税款，居民国承诺将视同其已在来源国纳税和允许抵免居民国税款，从而能降低该居民的全球税收负担。从税收饶让制度的间接影响来分析，来源国和居民国也能从该制度中受益。对于来源国而言，税收饶让制度能确保其所放弃的税收将惠及居民国的税收居民，从而增强对该税收居民到来源国开展经济活动的吸引力，实现来源国以税收优惠政策来吸引外资的政策目的。对于居民国而言，通过承诺采用税收饶让制度，居民国可以提升本国税收居民的海外竞争力和减少本国税收居民通过将收入滞留国外进行逃避税的风险。因此在过去七十多年间，很多国家在双边税收协定中达成共识，约定了采用税收饶让制度，尽管并非所有国家都认可和接受该制度。此外，在谈签税收协定时，由于缔约国双方的税收制度不同，而且它们在经济目标、税收利益以及谈判话语权方面经常存在差异，因此在税收协定中约定的税收饶让制度条款也存在不同类型，在实践中也会产生不同的实施效果。

二、主要类型

根据缔约国在协定中所规定税收饶让条款的具体内容，可以将税收饶让制度分为税收优惠饶让机制和固定比例抵免机制。根据税收饶让条款是对缔约国双方都适用还是仅对缔约国一方适用,可以将税收饶让制度分为单边饶让机制和双边互惠饶让机制。根据税收饶让条款是否仅在一定期限内适用,可以将税收饶让制度分为附日落期限的税收饶让制度和未附日落期限的税收饶让制度。

(一) 税收优惠饶让机制与固定比例抵免机制

根据来源国减免税收的动因不同,可以将税收饶让制度分为两大类:一类是针对来源国实施税收优惠措施而减免的所得税税收,居民国视同其税收居民已在来源国纳税因而允许抵免居民国税收,所以称为"税收优惠饶让机制"(Tax Incentives Sparing Regime);另一类是由于居民国在税收协定中承诺,将按照固定比例抵免纳税人在来源国所缴纳的预提所得税,而不考虑纳税人在来源国实际缴纳的税额,所以称为"固定比例抵免机制"(Matching Credit Regime)。根据缔约国双方的合意,在税收协定中可以单独采用上述任一机制,也可以同时采用这两类机制。

1. 税收优惠饶让机制

由于税收优惠饶让机制所饶让的是来源国因实施税收优惠措施而减免的所得税税收,因此准确地界定来源国税收优惠的范围和所能减免的来源国税收,是实施税收优惠饶让机制的前提条件。各国一般会根据国家税收主权独立原则,在国内法律法规中制定各类关于所得税的税收优惠措施,包括降低所得税税率,减免所得税税额,允许成本费用的加计扣除,或允许部分收入免税等。于是纳税人取得来源于该国的收入时，可以依据该国法律享受相关的来源国税收减免，即被免于缴纳部分甚至全部来源国所得税。但是若纳税人居民国对其税收居民的全球收入征税，并且采用境外税收抵免法来消除国际重复征税问题时，纳税人在来源国被减免的所得税一般将不能在居民国被抵免，除非来源国与居民国在双边税收协定中约定了采用税收优惠饶让机制。

由于来源国税收优惠政策所针对的对象存在差异，缔约国双方在税收协定中约定的税收饶让条款也存在不同文本，因此居民国承诺饶让抵免的来源国税收优惠措施以及所减免税款的范围也会存在差异。

1.1 针对外国投资者，还是针对外商投资子公司

来源国在国内法中规定的税收优惠措施可能仅针对外国投资者、仅针对外商投资子公司，或者既针对外国投资者也针对外商投资子公司。因此居民国在税收协定中作出饶让承诺时，往往对来源国税收优惠措施给予区别对待，例如承诺仅针对来源国一些特定税收优惠措施所免除的来源国税收，适用税收优惠饶让机制。

例如，根据《中国和马来西亚税收协定》(1985)第23条第4款中规定的税收优惠饶让机制，马来西亚政府承诺当马来西亚居民依据中国法律规定的以下税收优惠措施在中国享受了所得税减免时，马来西亚将视同其居民已在中国缴纳了税款，并且允许其在计算马来西亚税收时予以抵免。

第三款提及的抵免中，"缴纳的中国税收"一语应视为包括假如没有按以下规定给予境外收入免税、减税或退税而可能缴纳的中国税收数额：

（一）中国中外合资经营企业所得税法第五条、第六条和中外合资经营企业所得税法施行细则第三条的规定；

(二) 中国外国企业所得税法第四条和第五条的规定;

(三) 本协定签订之日或以后,经缔约国双方主管当局同意的中国为促进经济发展,在中国法律中采取的任何类似的特别鼓励措施。

《中国和马来西亚税收协定》(1985)中所规定的该税收优惠饶让机制条款,对于马来西亚在华子公司是采用中外合资企业形式还是采用独资企业形式,马来西亚政府所承诺的饶让抵免范围实施不同的标准;而且马来西亚在华子公司采取的企业形式,还影响到马来西亚投资者仅能就其自身在华享受的税收优惠适用税收饶让,还是也可将其在华子公司所享受的税收优惠也纳入饶让抵免范围。在后者情况之下,显然马来西亚投资者所享受的饶让抵免范围更大,因此从税收优惠饶让机制中获益也更大。所以理论上而言,《中国和马来西亚税收协定》(1985)中所规定的税收饶让制度条款,在一定程度上应该能够影响马来西亚投资者选择其在华子公司的企业形式。

(1) 当马来西亚税收居民在华投资设立的是中外合资经营企业时,不仅可以在马来西亚抵免其自身在华享受的税收优惠,也可将其在华子公司所享受的一些税收优惠纳入饶让抵免范围。

马来西亚税收居民可抵免的将是我国在《中华人民共和国中外合资经营企业所得税法》(以下简称《中外合资经营企业所得税法》)[①]第6条中所规定的针对中外合资经营企业投资者的所得税优惠,即"合营企业的合营者,从企业分得的利润在中国境内再投资,期限不少于五年的,经合营者申请,税务机关批准,退还再投资部分已纳所得税税款的

---

① 《中外合资经营企业所得税法》于1980年9月10日经第五届全国人民代表大会第三次会议通过,并于当日起实施,1991年7月1日废止。

百分之四十。投资不满五年撤出的,应当缴回已退的税款。"此外,马来西亚税收居民可在马来西亚抵免其在华子公司所享受的以下中国企业所得税和地方所得税减免:一、其在华子公司根据《中外合资经营企业所得税法》第5条所规定的针对合资企业所得税减免,即对新办的合营企业,"合营期在十年以上的,经企业申请,税务机关批准,从开始获利的年度起,第一年和第二年免征所得税,第三年至第五年减半征收所得税。对农业、林业等利润较低的合营企业和在经济不发达的边远地区开办的合营企业,按前款规定免税、减税期满后,经中华人民共和国财政部批准,还可以在以后的十年内继续减征所得税百分之十五至百分之三十。"二、其在华子公司根据《中华人民共和国中外合资经营企业所得税法施行细则》(以下简称《中外合资经营企业所得税法施行细则》)①第3条享受的地方所得税减免,即"税法所说按应纳所得税额附征百分之十的地方所得税,是指按合营企业实际缴纳的所得税额计算征收。由于特殊原因,需要减征或者免征地方所得税的,由合营企业所在地的省、自治区、直辖市人民政府决定。"

(2)当马来西亚税收居民在华投资设立的是外商独资企业时,马来西亚政府在上述税收优惠饶让机制条款中所承诺的抵免范围有限,未涉及马来西亚税收居民在华所享受的税收优惠,而仅限于马来西亚税收居民在华子公司享受的两项所得税减免优惠:一是在华子公司根据《中华人民共和国外国企业所得税法》(以下简称《外国企业所得税法》)②第4条规定的地方所得税减免,即"外国企业按照前条规定缴纳所得税的同时,应当另按应纳税的所得额缴纳百分之十的地方所得税。

---

① 《中外合资经营企业所得税法施行细则》于1980年12月10日经国务院批准,并于当月14日起实施,1991年7月1日废止。
② 《外国企业所得税法》于1981年12月13日经第五届全国人民代表大会第四次会议通过,自1982年1月1日起实施,1991年7月1日废止。

对生产规模小、利润低,需要给予减征或者免征地方所得税的外国企业,由企业所在地的省、自治区、直辖市人民政府决定。"二是若在华子公司是农业、林业、牧业等利润率低的企业,则根据《外国企业所得税法》第 5 条规定可以享受一定的所得税减免,即"从事农业、林业、牧业等利润率低的外国企业,经营期在十年以上的,经企业申请,税务机关批准,从开始获利的年度起,第一年免征所得税,第二年和第三年减半征收所得税。按前款规定免税、减税期满后,经财政部批准,还可以在以后的十年内继续减征百分之十五至百分之三十的所得税。"

(3)《中国和马来西亚税收协定》(1985)中所规定的"本协定签订之日或以后,经缔约国双方主管当局同意的中国为促进经济发展,在中国法律中采取的任何类似的特别鼓励措施",为该税收协定缔结之后,缔约国双方继续扩大该税收优惠饶让机制的适用范围预留出了谈判的空间。当中国制定新的税收优惠措施,且新措施类似于上述税收优惠饶让机制条款中所规定的中外合资经营企业税收优惠和外商独资企业税收优惠时,在获得马来西亚同意的情况下,中国的新税收优惠措施也可被纳入《中国和马来西亚税收协定》(1985)的税收优惠饶让机制适用范围之中。

1.2 针对特定优惠,还是所有税收优惠

有一些税收协定不限制税收优惠饶让机制条款的适用范围,即对于来源国提供的所有税收优惠措施,居民国在税收协定的税收优惠饶让机制条款中都承诺予以饶让抵免。例如,《中国和韩国税收协定》(1994)第 23 条第 3 款规定:"本条第一款和第二款所述在缔约国一方应缴纳的税额,应视为包括假如没有按照该缔约国为促进经济发展的法律规定给予税收减免,或其他税收优惠而本应缴纳的税额。"这种宽

泛的适用范围条款较常见于那些采用双边互惠饶让机制的税收协定之中,因为缔约国双方皆可能处于来源国角色,而且往往国内法中都规定了税收优惠措施时需要对方承诺饶让,因此皆有意愿不限制税收优惠饶让机制条款的适用范围。

但是在实践中,这种不对税收优惠范围予以限制的饶让机制存在一定的弊端。一方面,由于来源国在制定税收优惠措施时无须顾忌能否被纳入协定中税收优惠饶让机制条款的适用范围,往往拥有更大的灵活性,可能会存在滥用税收优惠和进行有害税收竞争的风险。另一方面,居民国的税收征管成本相对较高,因为需要投入更多的征管资源来查明来源国税收优惠的形式和内容,以及计算可饶让抵免的来源国税收金额;尤其是当来源国税收优惠措施变动频繁或比较繁杂时,居民国税务机关可能会难以准确、及时地预测出其因承诺税收饶让而将减少的税收收入和投入的征管成本。

也有一些税收协定在采用税收优惠饶让机制时,明确规定仅适用于来源国一些特定的税收优惠措施。例如《中国和澳大利亚税收协定》(1988)第23条第5款规定,澳大利亚承诺针对中国税法中明确规定的下列税收优惠给予税收饶让:

> 除适用第六款的规定以外,第四款中"所放弃的中国税收"一语,是指根据中国有关税法并与本协定相一致,本应对所得缴纳的中国税收,由于下列法律规定,而免除或减少的中国税收的数额:
>
> (一)《中华人民共和国中外合资经营企业所得税法》第五条、第六条和《中华人民共和国中外合资经营企业所得税法施行细则》第三条;
>
> (二)《中华人民共和国外国企业所得税法》第四条和第

五条；

（三）《中华人民共和国国务院关于经济特区和沿海十四个港口城市减征、免征企业所得税和工商统一税的暂行规定》的第一部分的第一条、第二条、第三条、第四条、第十条；第二部分的第一条、第二条、第三条、第四条；第三部分的第一条、第二条和第三条；

（四）《国务院关于鼓励投资开发海南岛的规定》的第十二条和第十九条；

（五）《国务院关于鼓励外商直接投资的规定》的第八条、第九条和第十条；

（六）《中华人民共和国财政部关于沿海经济开放区鼓励外商直接投资减征、免征企业所得税和工商统一税的暂行规定》的第一条、第二条和第三条。

《中国和澳大利亚税收协定》(1988)中这类明确针对来源国某些特定优惠措施的税收饶让制度，一般出现在仅由缔约国一方（例如澳大利亚）承诺饶让缔约国另一方（例如中国）税收优惠措施所减免征收的所得税额，即单边的税收优惠饶让机制之中。缔约国双方通过在税收协定中明确约定饶让制度所适用的范围和条件，便于居民国测算出饶让抵免的金额，同时也能提高纳税人适用税收饶让制度时的确定性。因此站在居民国立场上考虑，在税收协定中规定此类明确针对来源国某些特定优惠措施的税收饶让制度，往往会对居民国比较有利。

但是站在来源国立场上考虑时，会发现此类明确针对来源国某些特定优惠措施的税收饶让制度会存在一些弊端。例如，当来源国废除该机制所约定的某些税收优惠政策时，会导致该税收优惠饶让机制无法继续实施,虽然关于该饶让机制的条款将继续保留在双边税收协定之中。以《中国和澳大利亚税收协定》(1988)中规定的上述税收优惠饶让机制为例,由于其仅适用于《中外合资经营企业所得税法》《中外合资经营企业所得税法施行细则》《外国企业所得税法》《中华人民共和国国务院关于经济特区和沿海十四个港口城市减征、免征企业所得税和工商统一税的暂行规定》中规定的一些特定税收优惠措施,当中国在20世纪90年代废止了上述法律法规时,这些税收优惠饶让机制便无法继续实施,虽然它们继续保留在《中国和澳大利亚税收协定》(1988)之中。因此这类针对特定税收优惠措施的饶让机制,实际上给来源国戴上了无形的枷锁,导致其在行使税收主权去制定或废止税收优惠措施时,将不得不考虑税收协定中税收饶让机制的实施效力。因此,站在来源国立场上考虑,在税收协定中采用一些没有针对性的,或者适用范围比较宽泛的税收优惠饶让机制,会对来源国比较有利。

为了解决税收饶让机制可能由于来源国税收优惠措施变动而无法实施的问题,一些缔约国在税收协定中规定了变通方法。例如《中国和澳大利亚税收协定》(1988)第23条第5款最后一段中作出了以下规定:

> 上述法规在本协定签订后是有效的,并且没有修改,或者仅在次要方面修改而不影响其总的性质,以及澳大利亚财政部长和中国国家税务局长为此类似性质的目的,随时以交换信件所同意承诺的免税或减税的其他规定,如果该规定没有随后修改或仅在次要方面修改而不影响其总的性质。

根据该条款,在中国和澳大利亚缔结了该税收协定之后,若中国政府修改其税收优惠措施,只要该修改不影响税收优惠措施"总的性质",则缔约国双方可通过换函的方式,来确定修改后的中国税收优惠措施是否也能被纳入该税收协定中所约定的税收饶让机制适用范围。

再例如,《印度和日本双边税收协定》(1989)第 23 条第 3 款规定,日方承诺,印度若将来制定新税收优惠措施或者修改现有税收优惠措施,则在与日本事先对新税收优惠或修改后税收优惠的范围达成一致的情况下,日本将会饶让其居民在印度因享受新税收优惠或修改后税收优惠而被减免的印度所得税。①

又例如,《菲律宾和新加坡双边税收协定》(1977)第 22 条第 2 款和第 4 款所规定的税收优惠饶让机制适用范围非常广泛,针对该双边税收协定签订之后来源国制定的新税收优惠,无须获得居民国的事先同意,就可以被纳入该双边税收协定中税收饶让机制的适用范围。②相较于《印度和日本双边税收协定》(1989)所规定的税收优惠饶让机制,《菲律宾和新加坡双边税收协定》(1977)所规定的税收优惠饶让机制范围更宽泛。这可能是因为《菲律宾和新加坡双边税收协定》(1977)所规定的税收优惠饶让机制是一个双边互惠的税收饶让制度,由于缔约国双方皆可能会处于来源国角色,都不希望本国在制定税收优惠措施时受到协定的限制,所以菲律宾与新加坡双方能在缔结双边税收协定时达成共识,采用这个适用范围较为宽泛的税收优惠饶让机制。

2. 固定比例抵免机制

在全球现有的四千多份双边税收协定之中,大多数协定在谈判时所参照的是《经济合作与发展组织关于对所得和财产避免双重征税的

---

① 参见《印度和日本双边税收协定》(1989)第 23(3)(c)条。
② 参见《菲律宾和新加坡税收协定》(1977)第 22(2)条和第 22(4)条。

协定范本》(以下简称《OECD 范本》)①或《联合国关于发达国家与发展中国家间避免双重征税的协定范本》(以下简称《联合国范本》)②。当然也有一些国家(例如美国)制定了自己的税收协定范本。根据《OECD 范本》和《联合国范本》,缔约国双方限制来源国征税权的方式之一是在协定中约定来源国可对股息、利息以及特许权使用费征收的预提所得税最高税率。由于税收协定对缔约国双方具有约束力,因此当来源国法律规定的预提所得税税率低于协定的预提所得税税率时,来源国可按照其国内法规定的预提所得税税率征税。但是当来源国法律规定的预提所得税税率高于协定的预提所得税税率时,则来源国可征税率最高应不超过协定的预提所得税税率。

固定比例抵免机制则是指缔约国双方在税收协定中约定,居民国将按照固定比例抵免其税收居民在来源国缴纳的预提所得税,不再考虑其居民在来源国实际缴纳的预提所得税金额。一般情况下,该固定比例抵免机制仅适用于来源国针对利息、股息以及特许权使用费等被动型收入所征收的预提所得税。例如,在《中国和匈牙利双边税收协定》(1992)第 23 条第 2 款中,匈牙利承诺将允许其税收居民按照 20% 固定比例抵免为其股息收入在中国缴纳的预提所得税。同时,缔约国双方在该税收协定第 10 条第 2 款中约定,对于匈牙利税收居民来源于中国的股息收入,中国可以征收的最高预提所得税税率将不超过 10%。

---

① OECD, Model Tax Convention on Income and on Capital: Condensed Version 2017, OECD Publishing, Paris, 2017.《OECD 范本》于 1977 年颁布,截至 2023 年 10 月,OECD 财经事务委员会对《OECD 范本》进行了 11 次修订,即 1992 年版本、1994 年版本、1995 年版本、1997 年版本、2000 年版本、2003 年版本、2005 年版本、2008 年版本、2010 年版本、2014 年版本和 2017 年版本。

② UN Department of Economic & Social Affairs, The United Nations Model Double Taxation Convention between Developed and Developing Countries.《联合国范本》于 1980 年颁布,截至 2023 年 10 月已被修订四次,即 1999 年版本(于 2001 年颁布)、2011 年版本(于 2012 年颁布)、2017 年版本(于 2018 年颁布)和 2021 年版本(于 2022 年颁布)。

具体的协定条款如下:

(1) 第 23 条第 2 款第 2 项:"当匈牙利居民取得的股息,按照第十条的规定,可以在中国征税时,匈牙利应允许从对该居民的所得征收的税额中扣除相等于在中国缴纳的税额。但是,该项扣除不应超过对从中国取得的该项股息在扣除前计算的匈牙利税收数额。"

(2) 第 23 条第 2 款第 4 项:"本条第二款第(二)项中所说的在中国缴纳的税款,在任何情况下,应视为是按照 20% 税率缴纳。"

(3) 第 10 条第 2 款:"这些股息也可以在支付股息的公司是其居民的缔约国,按照该缔约国法律征税。但是,如果收款人是股息受益所有人,则所征税款不应超过股息总额的 10%。"

根据上述协定条款,当匈牙利税收居民获得来源于中国的股息收入时,将依据《中国和匈牙利双边税收协定》(1992)第 10 条第 2 款,在中国缴纳不超过 10% 的预提所得税。当匈牙利对该居民境外税收予以抵免时,将有义务依据该税收协定第 23 条第 2 款,按照 20% 固定比例进行抵免。因此,匈牙利税收居民受益于该固定抵免机制,将能保留其在中国实际缴纳预提所得税与匈牙利规定抵免税额之间的差额,从而降低其税收负担。

值得注意的是,《中国和匈牙利双边税收协定》(1992)中所规定的该固定比例抵免机制,仅针对匈牙利税收居民来源于中国的股息收入,这就意味着对于匈牙利税收居民来源于中国的其他类型收入(例如利息、特许权使用费、资本利得、劳务收入等)则无法适用该项固定比例抵免机制。

从上述《中国和匈牙利双边税收协定》(1992)第 23 条第 2 款可见,居民国在实施固定比例抵免机制时,不考虑来源国实际征收的预提所得税金额,而是直接按照固定比例给予税收抵免。由于缔约国双方在税收协定中已经明确约定了应抵免的固定比例,因此居民国无须考虑来源国实际征收的预提所得税金额以及来源国是否提供了税收优惠等。所以对于居民国而言,相较于税收优惠饶让机制,居民国采用固定比例抵免机制的税收征管成本较低,抵免方法较为便捷。

在实施固定比例抵免机制时,由于固定抵免比例和来源国征税率之间存在下列变量关系,纳税人实际受益的税收饶让税额也存在差异:

(1) 法定预提所得税税率低于固定抵免比例

很多国家都在国内法中规定,对于非税收居民来源于本国的股息、利息以及特许权使用费等被动型收入,该国将行使来源国税收管辖权征收预提所得税。当来源国的法定预提所得税税率低于税收协定约定的来源国可征收预提所得税税率上限,而且后者又低于协定约定的固定抵免比例时(即:来源国法定预提所得税税率<协定约定的来源国可征预提所得税税率上限<协定约定的固定抵免比例),来源国可按照其法定税率征收预提所得税,此时缔约国另一方居民从该固定比例抵免机制中获益的金额为固定抵免比例与来源国法定预提所得税税率之间的差额。

例如,《中国和塞浦路斯税收协定》(1990) 第 24 条第 3 款所规定的固定比例抵免机制适用于股息、利息和特许权使用费收入,即缔约国双方承诺:"在第十条第二款、第十一条第二款和第十二条第二款规定的情况下,该税额应视为股息、利息和特许权使用费总额的百分之十。"于是当中国税收居民从塞浦路斯获得股息收入时,将可按照 10% 固定比例抵免来源国塞浦路斯所得税。根据塞浦路斯国内法律,非税收居民来源于塞浦路斯的股息收入所适用的税率为 0,因此中国税收居民在塞浦路斯为其股息收入实际缴纳的预提所得税金额为零。这就意味着,由于塞浦路斯的法定预提所得税税率低于税收协定约定的固定抵免比例,中国税收居民将可受益于税收协定规定的固定比例抵免机制,虽然在塞浦路斯并未实际缴纳预提所得税金额,但在中国仍可以按照10%固定比例抵免塞浦路斯税收。

(2)协定预提所得税税率低于固定抵免比例

当来源国的法定预提所得税税率高于税收协定约定的来源国可征收预提所得税税率上限但后者低于协定约定的固定抵免比例时(即:来源国法定预提所得税税率>协定约定的来源国可征收预提所得税税率上限,且协定约定的来源国可征收预提所得税税率上限<协定约定的固定抵免比例),首先,来源国受到税收协定的约束,可征收的预提所得税税率不应超过税收协定约定的来源国可征收预提所得税税率上限;其次,纳税人可受益于协定约定的固定比例抵免机制,在居民国可以按照固定比例抵免来源国税收。

例如,《中国和德国双边税收协定》(1985)第11条第2款规定:"然而,这些利息也可以在该利息发生的缔约国,按照该缔约国的法律征税。但是,如果收款人是该利息受益人,则所征税款不应超过利息总额的百分之十。"同时,在第24条第2款第3项中德国承诺:"在适用(二)项的规定时,应抵免的中方税收应视为:1.(二)项1的股息总额的百分之十;2.(二)项2、3的利息和特许权使用费总额的百分之十五。"上述协定条款所规定的情况就是协定约定的来源国可征收预提所得税税率上限(即10%)低于协定约定的固定抵免比例(即15%)。因此,即便德国国内税法规定的法定预提所得税税率高于协定约定的来源国可征收预提所得税税率上限,德国可征收的预提所得税税率也不应超过协定约定的来源国可征收预提所得税税率上限(即10%)。此外,德国税收居民受益于协定约定的固定比例抵免机制,在德国可按照15%的固定比例抵免中国税收,由此保留固定比例(即15%)与协定约定的来源国可征收预提所得税税率上限(即 10%)之间的差额。

3. 兼用税收优惠饶让机制和固定比例抵免机制

3.1 缔约双方采用相同机制

一些税收协定既规定了税收优惠饶让机制,也规定了固定比例抵免机制,而且对缔约国任一方处于居民国角色时均适用。例如《中国和马耳他税收协定》(1993)第 23 条第 3 款规定了以下税收饶让条款:

> 在抵免优惠方面,在中国或马耳他缴纳的税收,按照上下文,应视为包括在缔约国一方应缴纳而根据该缔约国一方税收优惠的法律规定减征或免征的税额。在股息、利息和特许权使用费的情况下,免征或减征的任何税额,应视为按照该股息、利息和特许权使用费的总额已缴纳 10% 的税收。

在上述税收饶让条款中,第一句规定的是税收优惠饶让机制,即"在抵免优惠方面,在中国或马耳他缴纳的税收,按照上下文,应视为包括在缔约国一方应缴纳而根据该缔约国一方税收优惠的法律规定减征或免征的税额。"该税收优惠饶让机制的适用范围较宽泛,甚至未规定税收优惠措施的制定目的或用途,仅要求应为"法律规定减征或免征的税额"。第二句规定的是固定比例抵免机制,即"在股息、利息和特许权使用费的情况下,免征或减征的任何税额,应视为按照该股息、利息和特许权使用费的总额已缴纳 10% 的税收。"缔约国双方都承诺,当处于居民国角色时,将按照 10% 固定比例抵免缔约国另一方(来源国)的预提所得税。

由于上述税收饶让条款同时含有税收优惠饶让机制和固定比例抵免机制,缔约国在实施该税收协定时可能会遇到一个技术问题:针对某些收入,当来源国既提供了税收优惠也降低了预提所得税税率时,居民国应适用何种税收饶让机制?举例而言,对于非居民来源于中国的股息收入,若中国法律规定的法定税率为20%,但同时提供税收优惠,将该法定税率降为0%,则根据《中国和马耳他税收协定》(1993)上述税收饶让条款的第一句,马耳他作为居民国时应实施税收优惠饶让机制,允许其居民按照20%(即中国的法定税率)进行税收抵免;但是根据上述税收饶让条款第二句规定的固定比例抵免机制,马耳他作为居民国时仅需按照固定比例10%抵免中国税收。由此产生的问题是:马耳他选择适用上述税收饶让条款第一句(税收优惠饶让机制)还是第二句(固定比例抵免机制),将导致税收饶让金额不同,必然会影响马耳他税收居民的受益程度。对于这个问题,《中国和马耳他税收协定》(1993)中并未给出任何答案。因此,笔者认为应取决于缔约国对该协定条款的解释和实施。一些国家对于税收优惠饶让机制和固定比例抵免机制发生重叠适用情况,在国内法中作出了一些具体的规定。对于没有针对上述重叠情况制定任何具体规则的,居民国税务机关和司法机关在实施税收协定时所作出的协定解释将起到关键作用。当然,也可能会产生争议。

3.2 缔约双方采用不同机制

在一些双边税收协定中,虽然缔约国双方都承诺采用税收饶让制度,但是一方承诺的是税收优惠饶让机制,而另一方承诺的却是固定比例抵免机制。例如,在《中国和科威特税收协定》(1989)中,科威特在第24条第5款和第6款中所作的税收饶让承诺包含了两种机制:一是针对来源于中国的股息、特许权使用费和利息收入,实施固定比例抵免机制;二是针对中国税收优惠下所减免的税收,实施税收优惠饶让机

制。具体条款如下:

五、在第三款所述的抵免中,有关第十条、第十一条和第十二条的各项所得所征中国税收的数额应视为:(一) 1. 中外合资经营企业支付股息总额的10%;2. 其他股息总额的20%;(二) 利息总额的20%;(三) 特许权使用费总额的20%。

六、在第三款所述的抵免中,有关缴纳的中国税收,应视为包括假如没有按以下规定给予免税、减税或者退税而可能缴纳的中国税收数额:(一)《中华人民共和国中外合资经营企业所得税法》第五条、第六条和《中华人民共和国中外合资经营企业所得税法施行细则》第三条的规定;(二)《中华人民共和国外国企业所得税法》第四条和第五条的规定;(三)《中华人民共和国国务院关于经济特区和沿海十四个港口城市减征、免征企业所得税和工商统一税的暂行规定》中,有关减征、免征所得税的第一条和第二条的第一款、第二款、第三款和第三条第一款、第二款的规定;(四) 中国为促进经济发展,在其法律中作出的任何减税、免税或者退税的规定。

与此同时,中国在该协定第 24 条第 7 款中也作出了税收饶让承诺,但所针对的仅是科威特的一些税收优惠措施。具体协定条款如下:

七、当按照科威特法律,在一定时期内,根据特别投资鼓励措施,对协定所包括的税收免税或减税,在本条上述第四款中,对于这些已经给予免税或减税的税收,应视为已经支付。

从上述税收饶让条款中可见,虽然缔约国双方都承诺采用税收饶让制度,但在协定谈判中可能会因税收制度差异和利益不同,而最终决定采用不同的饶让机制。因此在适用税收饶让条款时,首先需要判断纳税人的居民身份,然后再根据其居民国所承诺采用的具体税收饶让机制,给予纳税人相应的税收饶让抵免。由于缔约国双方所采用的税收饶让机制不同,对其税收居民给予的饶让效果也会存在差异。

(二) 单边饶让机制与双边互惠饶让机制

根据是仅由缔约国一方在税收协定中作出了税收饶让承诺,还是缔约国双方都作出了税收饶让承诺,税收饶让制度可被分为以下两种形式:单边饶让机制和双边互惠饶让机制。缔约国双方在税收协定中约定税收饶让制度时,应采用单边饶让机制还是采用双边机制?这个问题的答案取决于多种因素,包括缔约国双方之间的经贸往来情况,双方税收协定谈判中的能力,以及缔约国双方在政治经济政策、税收政策、文化法律等方面的相似度和差异性等。

单边饶让机制经常出现在发达国家与发展中国家所签订的税收协定之中。例如,在20世纪八九十年代中国与OECD成员国所签订的34个税收协定中,有20个[①]双边税收协定约定了采用单边饶让机制,即由OECD成员国单方面承诺饶让中国所减免的税收。例如,《中国和奥地利税收协定》(1991)所规定的就是一个单边饶让机制,即奥地利在该协定第24条第2款第3项中承诺实施以下固定比例抵免机制,而中国并未承诺采用任何税收饶让制度:"(三) 为了上述第(二)项的目的,

---

① 在与中国缔结的税收协定中作出了单边税收饶让承诺的20个OECD成员国为日本(1983)、法国 (1984)、英国 (1984)、比利时 (1985)、德国 (1985)、丹麦 (1986)、芬兰(1986)、荷兰(1987)、挪威 (1986)、加拿大 (1986)、瑞典 (1986)、新西兰 (1986)、波兰(1988)、澳大利亚(1988)、西班牙(1990)、瑞士 (1990)、奥地利 (1991)、匈牙利 (1992)、卢森堡(1994)和冰岛(1996)。

在中国支付的税收应视为是:1. 在股息和利息情况下,该项所得总额的百分之十;2. 在特许权使用费情况下,该项所得总额的百分之二十。"由于作出单边饶让机制承诺的缔约国一方往往会有税收流失或征管成本增加等顾虑,因此在作出单边饶让机制承诺时经常会对饶让的范围和额度作出明确限定,例如限定对于股息、利息、特许权使用费的预提所得税固定抵免比例,限定可饶让的来源国税收优惠范围、制定目的、用途等。

能够达成合意采用双边互惠饶让机制的缔约国双方,则一般在经济、政治、文化、法律制度方面具有较多的相似之处或紧密关系。例如,《中国和马来西亚税收协定》(1985)①、《中国和印度税收协定》(1994)②、《中国和古巴税收协定》(2001)③、《中国和沙特阿拉伯税收协定》(2006)④以及《中国和埃塞俄比亚税收协定》(2009)⑤都约定了双边互惠的税收饶让制度。这些缔约国与中国在缔结税收协定时,在贸易和投资水平方面较为接近或者存在密切的政治、经济、地理联系等,所以更容易达成合意采用双边互惠的税收饶让制度。

例如,在《中国和韩国税收协定》(1994)的第24条第3款中,韩国和中国都作出了税收饶让承诺,并且所承诺的机制既包括税收优惠饶让机制(即缔约国一方将抵免缔约国另一方"为促进经济发展"而减免的税款),也包括固定比例抵免机制(即将按照10%固定比例抵免其居民在缔约国另一方为其股息、利息和特许权使用费所缴纳的预提所得税)。具体协定条文如下:

---

① 参见《中国和马来西亚税收协定》(1985)第23条。
② 参见《中国和印度税收协定》(1994)第23(3)条。
③ 参见《中国和古巴税收协定》(2001)第23(3)条。
④ 参见《中国和沙特阿拉伯税收协定》(2006)第24(2)条。
⑤ 参见《中国和埃塞俄比亚税收协定》(2009)第23(3)条。

三、本条第一款和第二款所述在缔约国一方应缴纳的税额，应视为包括假如没有按照该缔约国为促进经济发展的法律规定给予税收减免，或其他税收优惠而本应缴纳的税额。

本款中，在第十条第二款、第十一条第二款和第十二条第二款的情况下，该项税额应分别视为股息、利息和特许权使用费总额的 10%。

在《中国和马来西亚税收协定》(1985)中，虽然缔约双方都承诺了双边互惠饶让机制，但饶让所针对税收优惠措施不同。例如，中国在第 23 条第 2 款中承诺，针对马来西亚以下税收优惠所减免的税收，予以实施税收优惠饶让机制：

第一款中"缴纳的马来西亚税收"一语，应视为包括根据马来西亚法律和本协定的规定对以下所得已经缴纳的马来西亚税收：

（一）假如没有根据以下法律规定给予减税、免税的任何从马来西亚来源的所得：

1. 马来西亚 1967 年所得税法第 54 章 A 条、54 章 B 条、60 章 A 条、60 章 B 条和附表 7A；

2. 在本协定签字之日已生效的马来西亚 1968 年投资鼓励法第 21 章、第 22 章、第 26 章、第 30 章 KA 条和第 30 章 Q 条；

3. 缔约国双方主管当局同意的任何其他马来西亚今后可能采用、旨在修改或补充投资鼓励法的类似规定；

（二）假如没有根据第十一条第三款给予该款所适用的利息免税。

马来西亚在该税收协定第 23 条第 4 款中承诺，针对中国法律规定

的以下特定税收优惠,予以实施税收优惠饶让机制:

第三款提及的抵免中,"缴纳的中国税收"一语应视为包括假如没有按以下规定给予免税、减税或退税而可能缴纳的中国税收数额:

(一)中国中外合资经营企业所得税法第五条、第六条和中外合资经营企业所得税法施行细则第三条的规定;

(二)中国外国企业所得税法第四条和第五条的规定;

(三)本协定签订之日或以后,经缔约国双方主管当局同意的中国为促进经济发展,在中国法律中采取的任何类似的特别鼓励措施。

(三) 附日落期限的税收饶让制度

在一些税收协定中,缔约国双方对于税收饶让制度的适用期限设定了日落条款(Sunset Clause),即约定税收饶让制度的适用期限,一旦期限届满,协定中的税收饶让制度将会失效,除非缔约国双方同意延长适用。日落期间一般由缔约国双方在税收协定谈判中决定,一般为5年、10年或15年,时限长短往往与缔约国对其双方之间的经贸往来、各自税收政策发展趋势等因素的预测相关。特别是在缔结那些采用单边饶让机制的税收协定时,处于居民国一方的缔约国会更倾向于纳入日落条款,以便在日落期满时获得审查和再次决定是否同意采用税收饶让制度的机会,因为日落期后能否延长适用期限一般需由缔约国双方达成合意。

一些缔约国虽然在缔结双边税收协定时未约定日落期限,但在协定缔结之后，可能通过签订补充协定或者换函的形式，再给税收协定中的税收饶让机制附加一个日落期限。例如《中国和比利时税收协定》(1985)第23条第1款第2项中规定了税收饶让制度，由比利时单方面承诺实施固定比例抵免机制，并且未对该机制附加任何日落条款：

> 比利时居民收到的、包括在其应纳比利时税收的所得总额中的所得项目，是按照第十条第二款应纳税的并且按照下述(三)项不免予征收比利时税收的股息、按照第十一条第二款或第七款应纳税的利息，或者按照第十二条第二款或第六款应纳税的特许权使用费的，比利时在对有关上述所得的税收中应给予抵免，该项抵免应考虑对这些所得征收的中国税收，不论是否实际缴纳了税款。该项抵免应相当于比利时法律规定的外国税收定额抵免，但其税率不能低于扣除可能征收的中国税收后收到的所得数额的百分之十五。如果特许权使用费按照中国税法的一般规定应在中国纳税，但由于为了中国经济发展所采取的特别措施而免征中国税收的，应以百分之二十的税率给予抵免。

《中国和比利时税收协定》(1985)生效实施之后，缔约国双方在1996年11月27日签订《中华人民共和国政府和比利时王国政府关于修订1985年4月18日在北京签订的对所得避免双重征税和防止偷漏税的协定和议定书的附加议定书》时，给上述饶让机制附加了一条为期10年的日落条款，即从该议定书生效年度的次年1月1日起，该固定比例抵免机制的实施期限将为10年。具体条文如下：

> 对于从与中国的工业和商业发展项目密切相关的投资取得的上述股息、利息和特许权使用费，当该项所得根据本协定的规定及

中国法律的一般规定应在中国征税,但由于其特别和暂时的措施实际没有征收的中国税收,比利时也应允许从其税收中给予抵免。该项抵免对股息和特许权使用费按 15% 计算,对利息按 10% 计算,但抵免数额不应超过抵免前计算的归属该项所得项目的比利时税收。但该项规定应仅适用于该附加议定书生效年度的次年一月一日起开始的十年,缔约国双方主管当局可相互协商延长该期限。

经上述议定书修订之后,比利时在《中国和比利时税收协定》(1985)中所单方面承诺的固定比例抵免机制将不再被无限期地予以实施,而是从议定书生效年度的次年 1 月 1 日起,被限定了一个为期 10 年的实施期限。虽然缔约国双方在该议定书中写明"缔约国双方主管当局可相互协商延长该期限",但议定书所规定的 10 年日落期限届满时,并未见缔约国双方达成合意延长固定比例抵免机制的实施期限。

三、发 展 历 史

(一) 起源于欧洲

20 世纪 50 年代,税收饶让制度起源于欧洲。经历了两次世界大战之后,欧洲工业化国家更加重视通过商品贸易和对外投资进行海外扩张,全球范围内的外商直接投资迅猛发展。与此同时,发展中国家在战后崛起,一些新兴工业化国家与地区(例如亚洲和拉丁美洲地区)面临资金短缺、基础设施不完善等困境,因此为了弥补投资环境上的不足,很多国家制定了税收优惠措施来吸引外商投资和先进技术。在这种背景下,发达国家的扩大资本输出政策目标与发展中国家的吸引投资政策目标相互呼应,为税收饶让制度的兴起创造了政治环境和经济环境。

1953年,英国财政大臣向英国皇家委员会建议,在英国国内法中采用税收饶让制度,允许英国居民抵免在海外殖民地被减免的税收,以便鼓励居民向英国的海外殖民地投资。由于英国当时的税收制度只允许英国居民抵免其在境外实际缴纳的税收,若该税收饶让制度建议能被采纳,则英国居民向海外殖民地投资时将可以在英国多抵免一部分境外税收,即将海外殖民地实际上未征收的那部分税额也用于抵免其在英国的应纳税额。但是若采纳这项税收饶让制度,不可避免地会造成英国财政收入损失,因此该税收饶让制度被英国政府视为一项"对外援助工具",即英国通过牺牲自己的税收利益,来引导居民向其海外殖民地投资,旨在促进海外殖民地的经济发展。但是,若在英国国内法中制定税收饶让制度,将会导致一个结果:除非明确规定该税收饶让制度仅针对一些特定的海外殖民地所减免的税收,否则该制度会成为一个对所有来源国减免税收都普遍适用的制度,有可能造成英国作为居民国难以预测其税收饶让金额。这也是英国皇家委员会在1957年最终否决了税收饶让制度立法提案的主要原因之一。①

采用税收饶让制度的另一个路径是将该制度纳入税收协定,即缔约国双方为了避免双重征税和防止逃避税而缔结的双边税收协定。虽然美国与巴基斯坦在1957年签署双边税收协定时,美国曾单方面承诺饶让其居民在巴基斯坦因享受税收优惠而被减免的巴方税收,但是该饶让条款却最终未能通过美国国会审议,所以在1958年正式生效的《美国和巴基斯坦双边税收协定》中,并未采用任何税收饶让条款。

---

① See Brooks, Tax Sparing: A Needed Incentive for Foreign Investment in Low-Income Countries or an Unnecessary Revenue Sacrifice?, Queen's Law Journal, Vol. 34, No. 2, 2009.

直到 1959 年,税收饶让制度才首次被纳入双边税收协定之中,分别出现在《德国和印度双边税收协定》(1959)[①]和《以色列和瑞典双边税收协定》(1959)[②]之中。《德国和印度双边税收协定》(1959)所规定的是单边饶让机制,即德国单方面作出饶让承诺,所承诺的内容既包括税收优惠饶让机制,也包括固定比例抵免机制,但是对饶让金额设定了限额,即当德国居民因印度提供税收优惠措施而被减免所得税时,在德国被允许饶让抵免的印度税收金额最高不得超过德国对同一收入应征税额的 50%。这就意味着,当印度减免的所得税额超过德国应征税额的 50% 时,德国允许其居民抵免的印度税额将不超过德国应征税额的 50%。相较之下,《以色列和瑞典双边税收协定》(1959)虽然规定的也是单边饶让机制,即瑞典单方面作出了饶让承诺,但所承诺的是一个针对以色列所有税收优惠措施的税收优惠饶让机制。

(二)形成两个阵营

20 世纪 50 年代末至 90 年代,无论在发达国家之间缔结的税收协定之中,还是在发展中国家与发达国家之间缔结的税收协定之中,都出现了数量可观的税收饶让条款。Dougherty 研究了 1959 年至 1976 年期间全球各国缔结的共 348 份双边税收协定,其中 167 份协定采用了税

[①] 《德国和印度双边税收协定》(1959)在 1959 年 3 月 18 日签订,并于 1996 年 10 月终止。德国与印度在 1995 年缔结了新的双边税收协定,即《德国和印度双边税收协定》(1995),但是没有规定任何税收饶让条款。
[②] 《以色列和瑞典双边税收协定》(1959)在 1959 年 12 月 22 日签订,于 1960 年 6 月 3 日生效。

收饶让制度,这些缔约国中既有发展中国家,也有发达国家。①

  税收饶让制度能被各国广泛接受,一个重要原因是很多国家(尤其是发展中国家)出于吸引外商投资的目的,在国内法中规定了各种税收优惠措施。为了确保税收优惠措施能惠及外国投资者,这些国家自然就会倾向于在双边税收协定中采用税收饶让制度。以中国为例,在20世纪80年代和90年代,中国向外国投资者和外商投资企业提供了一系列税收优惠,②于是在1983年至1990年期间中国所缔结的27个双边税收协定中,除了《中国和美国税收协定》(1984)之外③,其余26个双边税收协定都采用了单边税收饶让机制,即由缔约国另一方承诺饶让中国因提供税收优惠措施而减免的税收④。

  在20世纪中后期,外商直接投资主要是从发达国家流向发展中国家,因此相对于发达国家而言,发展中国家具有较强烈的需求,即需要采用税收饶让制度来确保本国税收优惠的实施效果。所以主流观点认

---

 ① Dougherty, Tax Credits under Tax Treaties with Developing Countries, International Business Lawyer, Vol. 6, 1978, pp. 28-46.

 ② Jinyan Li, He Huang, Transformation of the Enterprise Income Tax in China: Internationalization and Chinese Innovations, Bulletin for International Taxation, Vol. 7, 2008, pp. 275-288.

 ③ 《中国和美国税收协定》(1984)虽然没有规定税收饶让条款,但在缔结该协定的同时,中美双方签署了一份换文,约定如果美国今后修改关于税收饶让抵免规定的法律,或者美国同其他国家达成关于税收饶让抵免的协议,中美双方将在税收协定中也采用税收饶让制度。但是美国至今还未改变其对税收饶让的抵制态度。

 ④ 在OECD成员国中,20个国家在与中国缔结双边税收协定时承诺实施单边税收饶让制度,这些国家分别是日本(1983)、法国(1984)、英国(1984)、比利时(1985)、德国(1985)、丹麦(1986)、芬兰(1986)、荷兰(1987)、挪威(1986)、加拿大(1986)、瑞典(1986)、新西兰(1986)、波兰(1988)、澳大利亚(1988)、西班牙(1990)、瑞士(1990)、奥地利(1991)、匈牙利(1992)、卢森堡(1994)和冰岛(1996)。还有4个OECD成员国在税收协定中采用了与中国互惠的税收饶让制度,分别是意大利(1986)、斯洛伐克(1987)、韩国(1994)和葡萄牙(1989)。值得注意的是,在上述20个OECD成员国中,8个国家在2009年之后分别与中国缔结了新税收协定,取代了上述含有税收饶让条款的双边税收协定,并且在与中国新缔结的协定中未继续采用税收饶让制度。这8个国家分别是法国、英国、比利时、德国、丹麦、芬兰、荷兰和瑞士。

为,税收饶让制度是一项由发达国家通过牺牲税收收入来鼓励其居民向发展中国家投资的工具。一些国家也将税收饶让制度视为一项对外援助工具,例如,加拿大将税收饶让制度作为促进发展中国家工业、商业、科学以及教育发展的对外援助措施;[1]也有些国家将税收饶让制度作为支持本国居民进行海外投资的税收工具,例如日本将税收饶让制度作为一项税收工具,用来降低居民海外投资时的税收负担和提高其居民的海外竞争力。[2]

但也有国家持不同观点,主张税收饶让制度是缔约国双方在双边税收协定中再次重申对于对方税收主权予以认可和尊重的工具,这种观点在拉美国家中颇为流行[3],一些国家因此拒绝签署未规定税收饶让条款的税收协定。[4] 例如,巴西和美国之间至今未能缔结双边税收协定,一个重要原因是美国对税收饶让制度的抵制态度。[5] 也有一些国家在税收协定谈判中将税收饶让制度作为讨价还价的筹码,要求缔约国另一方作为来源国时放弃更多征税权,例如降低对股息、利息和特

---

[1] See Brooks, Tax Sparing: A Needed Incentive for Foreign Investment in Low-Income Countries or an Unnecessary Revenue Sacrifice?, Queen's Law Journal, Vol. 34, No. 2, 2009. 由于加拿大免除居民来源于国外主动型收入在加拿大的应税义务,加拿大虽在税收协定中承诺采用税收饶让制度,但并不会导致过多的税收收入流失。有鉴于此,Brooks 认为加拿大在税收协定中承诺采用税收饶让制度,是通过引导居民向低收入国家投资来帮助低收入国家发展。

[2] See Hines, Tax Sparing and Direct Investment in Developing Countries, in the volume named International Taxation and Multinational Activity, University of Chicago Press, 2000. See also Martin, Treaty Tax-Sparing Credits, Tax Management International Journal, 11 September 1998. Martin 认为加拿大、日本、澳大利亚和欧洲一些资本输出国,在税收协定中采用税收饶让制度的目的之一,是要增强其居民的海外竞争力。

[3] See Marti, No Tax Sparing, No Exemption—Policy in Latin America, Tax Executive, Vol. 30, 1977-1978.

[4] See Schoueri and Silva, Chapter 5—Brazil, in Lang, et al. (eds.), The Impact of the OECD and UN Model Conventions on Bilateral Tax Treaties, Cambridge University Press, 2012.

[5] See Mitchell, United States-Brazil Bilateral Income Tax Treaty Negotiations, Hastings International and Comparative Law Review, Vol. 21, 1997.

许权使用费征收的最高预提所得税税率,限制构成常设机构的标准,放弃对某些收入的征税权等。

(三) 走向衰落

在 20 世纪 90 年代末期,越来越多的发展中国家加入了世界贸易组织(WTO),OECD 启动了打击有害税收竞争项目[①],学术界的一些实证研究也质疑税收优惠措施对吸引外商直接投资的有效性。于是一些国家逐步取消税收优惠,相应地也失去了在税收协定谈判中主动要求采用税收饶让制度的需求。例如,中国在 2008 年取消了针对外国投资者和外商投资企业提供的税收优惠之后,仅在 2009 年与埃塞俄比亚签订了含有税收饶让条款的双边税收协定,在之后 7 年间都不曾缔结含有税收饶让条款的双边税收协定。直到 2016 年,当中国与柬埔寨缔结双边税收协定时,才采用了税收饶让制度。

OECD 在 1998 年发布报告《税收饶让制度:重新审视》(Tax Sparing: A Reconsideration)(即《1998 年 OECD 税收饶让报告》)[②],质疑税收饶让制度违反税收中性理论,主张该制度是一项无效的对外援助工具,且易被滥用为国际逃避税工具。因此,OECD 呼吁其成员国对于税收饶让制度持谨慎态度。OECD 发布该报告之后,采用税收饶让制度的税收协定明显减少,OECD 成员国等发达国家受该报告影响,或者在缔结新协定时不再同意规定税收饶让条款,或者在已有协定中的饶让

[①] OECD 在 1998 年发布报告《有害税收竞争:一个日渐重要的全球问题》(Harmful Tax Competition—An Emerging Global Issue),将一些税收优惠措施视为构成有害税收竞争的因素,并且呼吁 OECD 成员国和非成员国共同打击有害税收竞争。

[②] See OECD, Tax Sparing: A Reconsideration, 1998. OECD 在 2010 年将该报告作为第十四项报告,纳入了《OECD 范本》(2010)之中。

条款到期后不再同意续期,或者即便同意采用税收饶让制度,也要求附加更多的限制条件。① 正如 Toaze 所言:"税收饶让制度的那些慷慨、不受限制时代似乎已经过去了。"②

四、争论焦点

自从英国于 1953 年首次提出税收饶让制度以来,理论界、实务界都一直存在较大争议。原则性的争议焦点包括:(1) 税收饶让制度的性质和功能;(2) 税收饶让制度与外商直接投资之间的关系;(3) 税收饶让制度与国家税收主权之间的关系等问题。技术性的争议焦点则在于固定比例抵免机制是否属于税收饶让制度。这些争论和不同观点影响了一些国家和国际组织对该制度的态度以及一些国家的税收政策和经济政策。

(一) 对税收饶让制度本质和作用的争论

关于税收饶让制度的性质和功能,形成了两个观点针锋相对的阵营:一个主张应由居民国决定是否采用税收饶让制度,主要代表为对外援助工具论;另一个支持采用税收饶让制度,主要包括税收主权工具论、境外税收抵免法修补工具论、税权公平分配工具论等。

---

① See Brooks, Canada's Evolving Tax Treaty Policy Toward Low-Income Countries, Cockfield (ed.), Globalization and the Impact of Tax on International Investments, University of Toronto Press, 2009.

② See Toaze, Tax Sparing: Good Intentions, Unintended Results, Canadian Tax Journal/Revue Fiscale Canadienne, Vol. 49, No. 4, 2001.

第一个阵营的对外援助工具论是 20 世纪 50 年代至 90 年代末期的主流观点,主张税收饶让制度是发达国家的援助工具,通过牺牲发达国家的税收收入,引导其居民向发展中国家投资。该观点产生的背景是当时资金、人员、技术等生产要素主要是从发达国家流向发展中国家,所以在发达国家与发展中国家缔结税收协定时,发达国家一般会处于居民国角色,发展中国家则会处于来源国角色。由于居民国与来源国的税收利益是此消彼长的对立关系,采用税收饶让制度就意味着居民国将抵免来源国未实际征收到的税收,因此一些发达国家政府以及学者认为税收饶让制度是发达国家援助发展中国家的税收工具。美国哈佛大学的 Stanley Surrey 教授是该阵营的代表人物,他坚决反对美国采用税收饶让制度,认为该制度给来源国和纳税人创造了滥用税收优惠的机会,会间接地扭曲美国作为居民国的税制统一性和公平性。Surrey 教授的观点影响了美国的税收协定政策,导致美国现有税收协定都未采用税收饶让制度。此外,受该派阵营理论的影响,OECD 发布《1998 年 OECD 税收饶让报告》,认为税收饶让制度不仅作为援助工具的效果欠佳,而且还会滋生避税现象,因此建议其成员国慎重使用税收饶让制度。自此,关于税收饶让制度是否为"无效"援助工具问题,成为经济学界一直争论和试图验证的焦点问题之一。

另一阵营主张,在缔约国双方谈签税收协定时,处于来源国立场的缔约国一方应坚持要求采用税收饶让制度。该阵营的观点主要基于两个不同理论:税收优惠保障工具论和税收主权工具论。税收优惠保障工具论兴起于 20 世纪 80 年代,代表人物是加拿大达尔豪斯大学的 Kim Brooks 教授。她主张来源国在以提供税收优惠的方式来吸引外资时,必须坚持在税收协定中采用税收饶让制度,否则来源国提供的税收优惠将不能惠及投资者,而会根据境外税收抵免法被缴入居民国国库。

该理论的提出是基于国内税制与税收协定之间的互动关系,在 20 世纪 90 年代后期发展中国家普遍通过提供税收优惠政策来吸引外商投资的背景下,法学界和经济学界集中研究了税收饶让制度对保障税收优惠的效果,形成大量关于该理论的研究成果。税收主权工具论则在拉丁美洲国家学者中盛行。巴西圣保罗大学的 Luís Eduardo Schoueri 教授是拥护该理论的代表学者,他主张来源国采用何种税收制度以及是否提供税收优惠,这些都是来源国行使国家税收主权行为,不应受其他国家或国际组织的干涉,而且作为居民国一方的缔约国必须在双边税收协定中接受采用税收饶让制度要求,以示尊重来源国的税收主权独立。税收主权工具论对拉丁美洲国家的税收协定政策产生了重大影响,巴西和美国因为在税收饶让制度问题上互不让步,一方坚持必须采用税收饶让制度,一方拒绝接受税收饶让制度,导致这两个国家之间至今仍未缔结双边税收协定。

(二)对税收饶让制度与外商直接投资之间关系的争论

关于税收饶让制度与外商直接投资之间的关系问题,理论争论一般集中于三个层面:一是税收对于外商直接投资的影响;二是税收优惠对于外商直接投资的影响;三是税收饶让制度对于外商直接投资的影响。对于第一个层面,研究成果普遍认为税收对于外商直接投资,尤其是在投资选址方面,具有一定的影响效果。对于第二个层面,即税收优惠对于外国直接投资是否产生影响,实证研究存在不同结果,因此争议至今尚无结论。一些研究显示,税收优惠措施只给投资者带来了意外的、额外的收益,对投资净增长并未造成显著的影响。也有研究发现,税收优惠措施的影响仅限于纠正市场失灵情况,例如用于鼓励研发行为或者弥补自然禀赋缺失等;假如不存在市场失灵情况,提供税收优惠反而会引发资源配置错误和资本效率降低。但是也有研究发现,税收优惠措施(特别是加速折旧措施和投资补贴措施)对于外国直接投资的选址决定和投资金额决定,都产生了一定程度的影响。[1] 对于第三个层面,即税收饶让制度是否具有促进外商直接投资的作用,实证研究结果存在较大差异,甚至出现了一些完全相反的研究结果。美国经济学家 James Hines 研究发现,税收饶让制度能将来源国的税收优惠措施真正作用于跨国投资者,能有效地降低投资者的税收负担,有助于增强居民国企业的海外竞争力。[2] Damian Laurey 通过测算和比较日本企业和美国企业对外投资的税收负担,发现日本企业倾向投资于那些与日本签订有税收饶让条款的国家。[3] Toaze 主张发展中国家给予税收优惠所付出的税收成本要高于其所带来的投资收益,这导致税收饶让制度的经济收益实际上是无法被准确计算的。[4]

---

[1] See Bird, Tax Incentives for Investment in Developing Countries, in Perry, et al. (eds.), Fiscal Reform and Structural Change in Developing Countries, Vol. 1, Palgrave McMillan, 2000; OECD, Corporate Tax Incentives for Foreign Direct Investment, OECD Tax Policy Studies, No. 4, 2001; Zee, Stotsky and Ley, Tax Incentives for Business Investment: A Primer for Policy Makers in Developing Countries, World Development, Vol. 30, No. 9, 2002, pp. 1497-1516; James, Tax and Non-Tax Incentives and Investments: Evidence and Policy Implications, Investment Climate Advisory Services of the World Bank Group, September 2013.

[2] See Hines, Tax Sparing and Direct Investment in Developing Countries, in the volume named International Taxation and Multinational Activity, University of Chicago Press, 2000.

[3] See Laurey, Reexamining U.S. Tax Sparing Policy with Developing Countries: The Merits of Falling in Line with International Norms, Va. Tax Rev., Vol. 20, 2000-2001.

[4] See Toaze, Tax Sparing: Good Intentions, Unintended Results, Canadian Tax Journal/Revue Fiscale Canadienne, Vol. 49, No. 4, 2001.

(三) 对税收饶让制度与国家税收主权之间关系的争论

税收饶让制度一般是以协定条款的形式出现在双边税收协定之中。缔约国双方在缔结、解释和实施双边税收协定时,都应遵守国际税收法律制度的基本原则,并且双边税收协定也构成了国际税法的重要渊源。因此,税收饶让制度与国家税收主权之间的关系问题,实质上是国际税收法律制度与国家税收管辖权之间的关系问题。国家税收管辖权是国家税收主权的体现。由于在国际税法领域不存在对国家税收管辖权的统一规制①,各国依据国家税收主权独立原则来制定其税收制度,因此会产生税制差异。例如,在解决国际重复征税问题时,有的国家采用境外收入免税法,有的国家采用境外税收抵免法或扣除法。缔约国双方所达成的税收协定,一般是双方谈判和妥协的结果,因此也是缔约国行使税收主权的一种方式。各国在谈签税收协定时,也会根据本国利益来谈判相关税收协定条款,其中包括税收饶让条款,在达成共识的前提下缔结双边税收协定,因此缔约国双方在税收协定中采用税收饶让条款,并不违反国家税收主权独立原则。

关于税收饶让制度与国家主权之间关系问题的争论,集中在税收饶让制度是否符合国际税法的四项基本原则问题,即国家税收主权独立原则、公平原则、国际税收中性原则和效率原则。各国缔结双边税收协定的主要原因之一是要确保税收利益分配的公平性,这与税收饶让制度的功能是一致的。居民国承诺饶让来源国所提供的税收优惠,会

---

① See Lorraine Eden, Taxing Multinationals: Transfer Pricing and Corporate Income Taxation in North America, University of Toronto Press, 1998.

导致本国税收居民在国内投资和国外投资时税负不同,从表面看可能违背公平原则,但是公平原则并不要求一刀切的绝对公平,而是要求经济状况相同的纳税人应承担相同的税收,经济情况不同的纳税人则应承担与其经济情况相适应的税收。适用税收饶让制度的来源国所减免税收,通常是来源国为了弥补投资环境欠佳而提供的;并且缔约国双方谈签和缔结含有税收饶让条款的双边税收协定,也符合公平、合理地进行税权分配的原则。国际税收中性原则包括资本输入中性和资本输出中性。采用资本输入中性原则时,居民国对其税收居民的全球收入征税,并允许其抵免国外税收;采用资本输出中性,居民国免于对其税收居民的境外收入征税。国际税收效率原则要求通过税收收入的二次分配来提高资源配置效率,将税收政策作为政府调控经济的手段,提高资本在全球的流动效率。

(四) 对于固定比例抵免机制应否属于税收饶让制度的争论

固定比例抵免机制指的是由居民国按照税收协定所规定的固定抵免比例,抵免其居民的来源国税收,而不考虑居民实际支付的来源国税收金额,也与来源国的税收优惠措施不直接相关联。一些学者主张,税收饶让制度应仅指税收优惠饶让机制,即居民国所饶让的应是来源国提供税收优惠所减免的税收,因此固定比例抵免机制不应属于税收饶让制度。但是也有学者主张,固定比例抵免机制是税收饶让制度的一种类型,是可以与税收优惠饶让机制并行适用的。

主张固定比例抵免机制应与税收饶让制度分立的学者包括 Klaus Vogel、Luís Schoueri、Michael Lang 等。Vogel 将税收饶让制度和固定比例抵免机制列为欧洲国家与发展中国家缔结税收协定时可以同时采用的两种避免双重征税方法,他认为这两种方法可以相互替代和互为补充,而且这两种方法都能表明欧洲国家愿意在某些条件下对发展中国家税收给予额外的抵免。对于税收饶让制度,Vogel 将其描述为居民国对来源国税收优惠措施所产生的"名义税收"进行抵免,使其居民能抵免来源国"未减免的税收金额"。相比之下,Vogel 将固定比例抵免机制描述为另一种机制,即居民国按照协定规定的固定比例去抵免其居民的来源国税收,该固定比例抵免的税收与来源国提供的税收优惠并无直接关联关系。① Schoueri 认为税收饶让制度是一种用于修正居民国境外税收抵免法瑕疵的机制,可确保来源国(通常是发展中国家)的税收优惠发挥作用,居民国投资者得以从中获益。对于固定比例抵免机制,Schoueri 则将其视为一项"类似于税收饶让的机制",居民国通过按照税收协定所规定的固定比例来实施境外税收抵免法,实现了基于公式与来源国分享征税权。② Lang 认为,固定比例抵免机制所抵免的是预提所得税的"名义金额",即按照固定比例抵免一定的预提所得税额,即便来源国并未实际征收预提所得税或来源国实际征收了较低税额。对于税收饶让制度,Lang 认为这是"另一种基于名义金额的境外税收抵免法",即当来源国减免所得税时,居民国根据来源国的税收减免情况,允许其居民抵免一些"虚构的"来源国税收。③

主张固定比例抵免机制并非一种单独机制的学者包括 Alexander Easson、David Holland 和 Richard Vann 等。Easson 认为固定比例抵免

---

① See Vogel, Klaus Vogel on Double Taxation Conventions, 3rd ed., Kluwer Law International,1998.
② See Schoueri, Tax Sparing: A Reconsideration of the Reconsideration, in Yariv Brauner and Miranda Stewart (eds.), Tax, Law and Development, Edward Elgar, 2013.
③ See Lang, Introduction to the Law of Double Taxation Conventions, 2nd edition, Linde, 2013.

机制是一类较为常见的税收饶让制度,虽然固定比例抵免机制不与来源国具体的税收优惠措施相关联,但其实质仍是要求居民国抵免并未在来源国缴纳的税收。① Holland 和 Vann 认为固定比例抵免机制和税收优惠饶让机制同为税收饶让制度的两种主要形式,固定比例抵免机制作为一种按照固定比例予以税收饶让的方法,通常只适用于针对被动型收入所征收的预提所得税,纳税人会被视为已经按固定税率在来源国缴纳了预提所得税。②

OECD 对该问题的看法则一直在变化。在 1963 年《OECD 范本草案》和 1977 年《OECD 范本》的注释中,OECD 都将固定比例抵免和税收饶让作为同义词交替使用。例如,OECD 在 1963 年《OECD 范本草案》第 23(B)条注释中,虽然只使用"固定比例抵免"来描述如何制定一些有别于正常境外税收抵免法的替代方法,但是在以下段落中描述该"固定比例抵免"一词概念时,明显针对的是来源国由于税收优惠措施所减免的税收。③

> 50. 一种偏离方法可能是,在涉及这种"税收饶让"收入的情况下,例如第 48 段所指出的那样,可以适用境外收入免税法。为了涵盖特殊情况,第 23(A)条第 2 款已经提议采用偏离境外税收抵免法的方法,因此在这种情况下,偏离境外税收抵免法的一些方法可能是可以被接受的。另一种偏离方法可能是采用所谓的"固定比例抵免机制",这种方法确保居民国将允许从自己的税款中扣除与来源国在没有给予优惠的情况下应实际缴纳的税款相应的

---

① See Easson, The Evolution of Canada's Tax Treaty Policy Since the Royal Commission on Taxation, Osgoode Hall Law Journal, Vol. 26, 1988.
② See Holland and Vann, Income Tax Incentives for Investment, in V. Thuronyi (ed.), Tax Law Design and Drafting, International Monetary Fund, Vol. 2, 1998.
③ 参见 1963 年《OECD 范本草案》第 23 条注释的第 50 段。

金额。为了使该制度取得令人满意的结果,来源国必须能够向居民国通报如果不给予减免而应支付的税额。

在此后的《1998年OECD税收饶让报告》中,OECD虽然没有明确澄清固定比例抵免和税收饶让制度之间的区别,但是写明了"税收饶让"指的是针对来源国的税收优惠措施所给予的饶让。OECD在这份报告中把"固定比例抵免"一词描述为"按协定规定的固定比例给予境外税收抵免,而不考虑来源国实际征收的预提所得税税率",可见OECD在该报告中的立场是要试图区别对待固定比例抵免机制与税收饶让制度。此外,OECD在该报告中对于税收饶让制度提出的批评意见,所针对的仅是与来源国税收优惠相关的饶让机制,而并未对固定比例抵免机制给予任何负面评价。这可能意味着在发布《1998年OECD税收饶让报告》时,OECD只是将那些与来源国税收优惠措施有关的税收优惠饶让机制作为其批判的对象。

令人惊讶的是,当OECD在2000年《OECD范本》注释中纳入了《1998年OECD税收饶让报告》的一些主要内容时,却明确地将固定比例抵免机制作为税收饶让制度的一种类型,并在2000年《OECD范本》注释第23条第74段(a)、(b)和(c)款中,以举例的方式描述了固定比例抵免机制和税收优惠饶让机制。

> 税收饶让制度可以采取不同的形式,例如:
>
> a) 居民国将允许扣除来源国根据其一般立法可能征收的税额或协定限制的税额(例如第10条和第11条规定对股息和利息的税率限制),即便来源国根据促进其经济发展的特别规定免除了全部或部分税额;
>
> b) 作为居民国的饶让措施,居民国同意在其自身税收中扣除按较高税率确定的金额(部分为虚构);

c）居民国对该收入予以免除。

在此后发布的《OECD 范本》注释版本之中，OECD 保留了上述第 23 条第 74 段的注释内容。这表明 OECD 在 2000 年之后对该问题所持的基本观点，即应将固定比例抵免机制作为税收饶让制度的一种类型，并且 OECD 在呼吁各国应重新考虑是否采用税收饶让制度时，实际上所呼吁的是应重新考虑固定比例抵免机制和税收优惠饶让机制这两类税收饶让制度。

笔者同意 David Holland 和 Richard Vann 的观点，即固定比例抵免机制是税收饶让的一种类型，可与税收优惠饶让机制并行适用。笔者支持该观点的理由如下：首先，在本质上，固定比例抵免机制与税收优惠饶让机制是一样的，即居民国认为其税收居民已经支付了（实际上没有完全支付）被减免的来源国税收。这两种类型的机制本质上都是居民国在税收协定中对这些"被视为已支付"的税款所作出的予以抵免的契约性承诺。其次，在功能上，固定比例抵免机制与税收优惠饶让机制是相同的，即都旨在克服居民国的全球税收制度和境外税收抵免法所导致的来源国税收减免无效。最后，在适用效果方面，固定比例抵免机制和税收优惠饶让机制是相同的，即都将避免对来源国收入造成双重征税。

第二章
关于税收饶让制度性质和功能的争论

在税收饶让制度首次被提出之后的半个多世纪里,对外援助工具论始终是针对该制度性质和功能争论中的主流观点,虽然《1998年OECD税收饶让报告》曾经质疑税收饶让制度作为对外援助工具的有效性。与此同时,也有观点认为税收饶让制度并非对外援助工具。主要包括以下三种主张:一是主张税收饶让制度是用于克服境外税收抵免法瑕疵的一项技术性工具。该观点主要基于居民国的利益考虑,旨在减轻居民国境外税收抵免法的扭曲效果和弥补境外税收抵免法的瑕疵。二是主张税收饶让制度是承认来源国管辖权的一项工具。该观点主要是从来源国的利益角度而言,主张居民国所作出的税收饶让承诺行为,是居民国在税收协定中承认来源国税收主权的一种意思表示。三是主张税收饶让制度是改进国家间不公平税收分配方法的一项技术性工具,既能保护来源国的征税权,也能确保国家之间依据公平原则进行税权分配。

一、对外援助工具论

在全球资本流动主要是从发达国家流向发展中国家的背景之下,发展中国家曾经通过提供大量的税收优惠用于实现其吸引外商投资的目的。因此,发展中国家普遍需要在税收协定中采用税收饶让制度,旨在确保其所减免的来源国税收能够真正地惠及外国投资者,而非支付给投资者的居民国。基于此类经济策略的需要,在发展中国家与发达国家进行的税收协定谈判中,通常情况下发展中国家一方会主动要求在税收协定中采用税收饶让制度。但是也有些发达国家认为自己有责任去帮助发展中国家发展经济,[1]因此一些发达国家会主动提出采用税收饶让制度,或者愿意接受发展中国家所提出的采用税收饶让制度主张,通过在税收协定中作出税收饶让承诺,鼓励其居民到提供税收优惠的发展中国家去设立企业,提供贷款和技术。

在此背景下,税收饶让制度从其被提出之初就被赋予了援助工具功能,而且无论以税收优惠饶让机制形式还是采用固定比例抵免机制形式,税收饶让制度都体现出了其援助工具的本质特性。税收优惠饶让机制要求居民国抵免其居民由于来源国提供税收优惠政策而被减免的来源国税款。固定比例抵免机制要求居民国按照固定比例抵免来源国的预提所得税,尽管纳税人在来源国实际支付的税率可能低于该固定抵免比例。

---

[1] See Brooks, Tax Sparing: A Needed Incentive for Foreign Investment in Low-Income Countries or an Unnecessary Revenue Sacrifice?, Queen's Law Journal, Vol. 34, No. 2, 2009.

当缔约国双方在税收协定中所约定的固定抵免比例（例如15%）高于来源国的法定预提所得税税率（例如10%）和税收协定中约定的最高预提所得税税率（例如10%），则来源国对纳税人按10%税率（即其法定税率和协定税率）征收预提所得税时，来源国并不会牺牲任何税收收入。因此一些国家处于居民国立场时认为，正是居民国通过牺牲税收收入，在固定比例抵免机制下纳税人才得以受益于适用固定抵免比例与适用来源国预提所得税税率之间的税款差额。若居民国在税收协定中未承诺采用固定比例抵免机制，这些税款差额将适用居民国的境外税收抵免法，由纳税人支付给居民国。正是依据该分析逻辑，OECD主张居民国之所以在税收协定中作出税收饶让承诺，其目的应是通过放弃居民国的潜在税收收入来鼓励其居民向来源国投资，从而实现帮助来源国的目的。

  主张上述对外援助工具论的一个重要前提是，税收饶让制度应能确保来源国所减免的税收可以惠及外国投资者，并且会因此影响外国投资者的投资决策，引导其向来源国投资。但是对于税收饶让制度作为援助工具的有效性问题，长期以来一直存在争论。Kim Brooks 认为税收饶让制度是一项意图良好但也能产生无限多负面效果的制度，她质疑税收饶让制度导致一些发达国家无谓地牺牲了税收收入。[①] Deborah Toaze 认为几乎没有证据能证明税收饶让制度所产生的援助效果能优于传统的援助项目，也没有证据能证明税收饶让制度促进了经济发展。Toaze 以美国与巴西之间的投资活动为例，论证税收饶让制度与鼓励美国居民向发展中国家（巴西）的投资并无直接关系，因为美国和巴西至今仍未缔结税收协定的主要原因之一是美国不同意采用任何税收饶让

[①] See Brooks, Tax Sparing: A Needed Incentive for Foreign Investment in Low-Income Countries or an Unnecessary Revenue Sacrifice?, Queen's Law Journal, Vol. 34, No. 2, 2009.

制度,但是在美国公司对外投资的 30 个主要目的地之中,巴西仍然名列第九位。因此 Toaze 提出,虽然美国和巴西之间并未采用税收饶让制度,但并未实质性地降低美国居民向巴西投资的热情,由此可见税收饶让制度虽然可能具有良好的对外援助意愿,但美国和巴西之间的实践证明该制度并不一定是实现援助目的的必备工具。[①]

OECD 对于税收饶让制度有效性的质疑在 1998 年达到了高峰,在其《1998 年 OECD 税收饶让报告》中提出税收饶让制度是一种无效的对外援助工具,而且该制度会产生严重的负面效果,因此建议 OECD 成员国在采用税收饶让制度时要谨慎行事。[②] 从报告中可见,OECD 是站在发达国家的立场上来评价税收饶让制度的,并且主张该制度的本质是发达国家对外援助的一项工具。但是 OECD 在这份报告中所表达的批评观点,大多是以声明的形式提出的,而且缺少实证分析和实例证据。例如,OECD 指出"绝大多数"OECD 成员国都认为税收饶让制度"不是促进外国投资以实现国家经济目标的有效途径",而且"大多数成员国和许多转型期经济体在使用税收优惠政策方面令人失望的总体经验,也强化了该观点"。但是 OECD 在报告中并未提供持有上述观点的"绝大多数"成员国名单,也没有描述"大多数成员国""令人失望的总体经验"到底是什么,因此对于 OECD 在这份报告中的理论和实证依据还有待进一步明确。

在 OECD 发布了《1998 年 OECD 税收饶让报告》之后,一些经济学家加强了对税收饶让制度的实证研究,旨在检验税收饶让制度对发展

[①] See Toaze, Tax Sparing: Good Intentions, Unintended Results, Canadian Tax Journal/Revue Fiscale Canadienne, Vol. 49, No. 4, 2001.

[②] See OECD, Tax Sparing: A Reconsideration (1998).

中国家吸引外商直接投资的影响。其中 Hines 在 2000 年的研究[①]，Azémar、Desbordes 和 Mucchielli 在 2007 年的研究[②]，以及 Azémar 和 Delios 在 2008 年的研究[③]成果都表明，税收饶让制度对于日本居民向发展中国家的投资产生了积极影响。尽管 Toaze 等从成本效益的角度对上述一些研究结果提出过质疑，例如批评 Hines 在研究中未考虑到投资的质量、行业、发展中国家提供税收优惠的成本以及发达国家实施税收饶让抵免的成本等等，但是上述实证研究成果毕竟支持和论证了一些与《1998 年 OECD 税收饶让报告》所不同的观点，也可以为 OECD 重新评估其《1998 年 OECD 税收饶让报告》提供一些不同的数据和文献参考。

二、境外税收抵免法修补工具论

芬兰学者 Timo Viherkenttä 主张税收饶让制度不是对外援助工具，而是用于修补境外税收抵免法瑕疵的一项技术性工具。此后 Damian Laurey 的研究和 James Hines 的研究都验证了该观点具有一定的合理性。

Viherkenttä 认为，若税收饶让制度仅是由发达国家单方面作出税

[①] See Hines, Tax Sparing and Direct Investment in Developing Countries, in the volume named International Taxation and Multinational Activity, University of Chicago Press, 2000.
[②] See Azémar, Desbordes and Mucchielli, Do Tax Sparing Agreements Contribute to the Attraction of FDI in Developing Countries?, Int. Tax & Public Finan., Vol. 14, 2007.
[③] See Azémar and Delios, Tax Competition and FDI: The Special Case of Developing Countries, Journal of the Japanese and International Economies, Vol. 22, 2008.

收饶让承诺,那么还可主张税收饶让制度是一项发达国家的对外援助工具。但是在实践中,一些经济差异不大的国家(例如发达国家之间或发展中国家之间)在缔结税收协定时,也会采用税收饶让制度,此时就难以主张这些经济发展程度相近的国家是在采用税收饶让制度作为相互援助的工具。Viherkenttä 以《芬兰和新加坡双边税收协定》(1981)为例,其中芬兰单方面承诺了税收优惠饶让机制,并且未对饶让适用的新加坡税收优惠范围设定限制。① 但是虽然新加坡在 1981 年的人均国内生产总值(GDP)仅为芬兰人均 GDP 的一半,却已远高于其他发展中国家的平均水平,甚至已经与希腊、西班牙等 OECD 成员国的 GDP 水平相当。② 因此 Viherkenttä 质疑芬兰在与新加坡的双边税收协定中承诺税收饶让,是否真正出于援助新加坡的目的。

Viherkenttä 主张税收饶让制度是一项技术性工具,主要用于弥补居民国境外税收抵免法所存在的瑕疵问题。居民国在采用境外税收抵免法时,一般仅对其居民在来源国实际缴纳的税收予以抵免,因此若居民国未采用税收饶让制度,当投资者将来源国利润汇回居民国时,则来源国所减免的税收将被境外税收抵免法所抵消,变成居民国的税收收入。由此,投资者会因无法保留其在来源国被减免征收的税款,而导致其全球税收负担可能会高于其在来源国的竞争对手,因为来源国市场上的本地企业作为其竞争对手是可以保留来源国所减免征收的税款。于是一些居民国可能会担忧其居民在外国市场上的竞争劣势,一些投资者也可能出于此税收负担顾虑而不愿将利润汇回居民国。因此,一些居民国在税收政策方面就会愿意采用税收饶让制度,旨在弥补其境

---

① 参见《新加坡和芬兰双边税收协定》(1981)第 21(2)(d)条。
② 参见世界银行数据库,http://data.worldbank.org/indicator/NY.GDP.PCAP.CD。新加坡在 1981 年的人均 GDP 已经达到 5596 美元,与希腊、爱尔兰和西班牙处于同一水平,远高于一些发展中国家。芬兰在 1981 年的人均 GDP 为 10926 美元。

外税收抵免法的瑕疵和不足,即通过在税收协定中作出税收饶让承诺,一方面解决其居民的竞争劣势问题,另一方面也降低其居民不愿将利润汇回居民国的可能性。基于此论证,Viherkenttä 主张税收饶让制度应被视为一项为了修补境外税收抵免法在处理发展中国家税收优惠方面的瑕疵,而被各国使用的技术性工具。①

James Hines 在 2000 年分析了美国企业和日本企业于 20 世纪 90 年代在 67 个发展中国家和 8 个发达国家的投资情况,发现日本企业在决定投资选址时,明显受到日本与投资东道国税收协定中税收饶让条款的影响。日本企业受益于这些税收饶让条款,在同一东道国投资时,其全球税负比美国企业的全球税负低了 23% 左右,因此税收饶让制度确实有助于增强日本企业在海外市场上的竞争力。② Laurey 在 2001 年从税收成本的角度进行研究,取得了与 Hines 的实证研究极为相似的结果。Laurey 比较了美国投资者和日本投资者在投资同一国家时的全球税收负担,其假设是日本与该来源国在税收协定中缔结了税收饶让条款,而美国由于其税收政策不接受税收饶让条款,因此并未能与来源国缔结任何税收饶让条款。③ 表 2-1 为 Laurey 对美国投资者和日本投

---

① Viherkenttä 在其著作 *Tax Incentives in Developing Countries and International Taxation*(Wolters Kluwer,1991)中,对发展中国家的税收优惠政策及其与居民国税收制度的互动进行了全面分析。在第六章(税收饶让制度和东道国激励措施)中,Viherkenttä 回顾了税收饶让制度与居民国税收制度的关系。笔者从 Viherkenttä 该著作中受益匪浅,尤其受到该书第六章最后一节(税收饶让的评估标准)的启发。Viherkenttä 的研究是在 20 世纪 80 年代末进行的,而且他的著作是在 1991 年出版的,时间上早于《1998 年 OECD 税收饶让报告》,所以当 Viherkenttä 写作其书稿时,税收饶让制度仍被世界各国广泛使用,特别是发达国家与发展中国家之间税收协定大量地采用了税收饶让制度。因此 Viherkenttä 的研究是在全球资本从发达国家流向发展中国家的背景下所进行的,应未受到《1998 年 OECD 税收饶让报告》的影响,其研究更侧重于对税收饶让制度的概念和功能进行分析。

② See Hines, Tax Sparing and Direct Investment in Developing Countries, in the volume named International Taxation and Multinational Activity, University of Chicago Press, 2000.

③ See Laurey, Reexamining US Tax Sparing Policy with Developing Countries: The Merits of Falling in Line with International Norms, Va. Tax Rev., Vol. 20, 2000-2001.

资者税收负担的比较和论证过程以及其论证结果。

表 2-1　Laurey 对美国投资者和日本投资者的税收负担比较

来源国税收	美国投资者	日本投资者
分配股息	$ 100,000	$ 100,000
法定预提所得税税率40%,但来源国提供10年免税优惠	0	0
居民国税收		
收到的股息	$ 100,000	$ 100,000
股息总额	$ 100,000	$ 100,000
法定企业所得税（b） 美国:35% 日本:50%	$ 35,000	$ 50,000
在来源国实际纳税（a）	0	0
税收饶让制度下的境外税收抵免额（c）	0	$ 40,000
企业所得税应纳税额（b-c）	$ 35,000	$ 10,000
来源国税收（a）	0	0
居民国税收（b-c）	$ 35,000	$ 10,000
投资者的全球税负（b-c）	$ 35,000	$ 10,000
投资者的税收利润	$ 65,000	$ 90,000

Laurey 的比较结果表明,日本企业因税收饶让条款而获得了一定的竞争优势。因为受益于日本和来源国之间存在的税收饶让条款,被减免的来源国税款可以惠及日本投资者,这确保了日本投资者在来源国市场与当地企业的税收成本相同。而美国投资者则可能由于缺少税收饶让制度,在海外市场不得不处于税收成本竞争劣势,这可能也是美国投资者倾向于推迟利润汇回美国的原因之一。尽管日本法定企业所得税税率(50%)高于美国法定企业所得税税率(35%),日本投资者投

资于该来源国时的税收负担仍能低于美国投资者,因此与美国投资者相比,日本投资者在来源国具有更多竞争优势。在这种背景下,对于那些与日本在地理上接近,具有文化、经济关系或者是日本重要的资源或市场所在国的税收辖区,日本在与其缔结税收协定时基本上都采用了税收饶让制度。①

三、税收主权工具论

巴西学者 Luís Eduardo Schoueri 主张税收饶让制度不是对外援助工具,而是一项用于承认来源国税收管辖权的技术性工具。② Schoueri 认为基于税收管辖权独立原则,缔约国双方在缔结税收协定时既是自愿地限制一部分其自身征税权,同时也是在承认和尊重缔约另一方的征税权。因此税收协定的一个重要功能是通过缔约国在协定中作出限制和承诺,实现缔约国之间的征税权分配关系。所以当来源国在税收协定中承诺将其征税权限定于一定的税率之下时,居民国也相应地承诺适用境外税收抵免法或免除法来避免双重征税。由此,缔约国双方的承诺将构成各方行使税收管辖权时的界限,应具有类似于缔约国管辖权边界的效果。而缔约国双方在税收协定中保留给任何一方的征税权,也应是缔约国另一方在税收协定下所放弃的税收管辖权。③ 按照

---

① See Laurey, Reexamining U. S. Tax Sparing Policy with Developing Countries: The Merits of Falling in Line with International Norms, Va. Tax Rev., Vol. 20, 2000-2001.
② See Schoueri, Tax Sparing: A Reconsideration of the Reconsideration, in Yariv Brauner and Miranda Stewart (eds.), Tax, Law and Development, Edward Elgar, 2013.
③ Ibid.

这一逻辑,缔约国双方缔结税收协定的行为,意味着双方均承诺不侵犯对方的税收管辖权,即双方在税收协定中共同确定了各自行使税收管辖权的边界,并且也承诺不会交叉行使税收管辖权和避免发生双重征税现象。一旦实施了这种税收管辖权划分行为,缔约国双方都可以在协定规定的范围内行使其所保留的税收管辖权,即缔约国双方在其管辖权范围内可以决定是否征税。因此即便来源国决定不对非居民征税,居民国也必须尊重来源国的决定,并且居民国有协定义务允许其居民抵免相当于来源国已征税的金额。① Schoueri 在此推理的基础上提出"管辖权承认论",即税收饶让制度是居民国在税收协定中作出的抵免承诺,其功能在于承认来源国的税收管辖权,其中包含以下要素:

(1) 来源国行使税收主权

Schoueri 提出来源国行使税收主权观点,所依据的基础理论是 Georg von Schanz 的经济效忠理论(Economic Allegiance)。经济效忠理论摒弃了使用居住地或国籍作为居民国和来源国之间分配征税权的基本标准,提出了纳税人应该对居民国和来源国都存在一种经济效忠关系。当纳税人进行商业活动并获得收入时,反映出的是其与来源国的经济效忠关系。纳税人对居民国的经济效忠关系则是通过纳税人在居民国使用其收入而得以体现,届时居民国将有机会再次对纳税人的收入征税,因此 Georg von Schanz 主张来源国应对纳税人收入具有优先征税权。他建议将纳税人收入在来源国和居民国之间按 3∶1 比例划分税基,即纳税人 3/4 的收入在来源国征税,剩余 1/4 留给居民国征税。② 显然,Georg von Schanz 的经济效忠理论将更多的税基份额分配给了来

---

① See Schoueri, Tax Sparing: A Reconsideration of the Reconsideration, in Yariv Brauner and Miranda Stewart (eds.), Tax, Law and Development, Edward Elgar, 2013.

② See Vogel, Worldwide vs. Source Taxation of Income—A Review and Reevaluation of Arguments, Intertax, Vol. 8-9, 1988.

源国。基于该理论,拉丁美洲一些学者们之后继续提出,应仅基于收入来源进行征税,即应将纳税人所有收入的独家征税权分配给来源国。《拉丁美洲税法公约》(1956)曾在宣言中约定,来源地征税原则应该是拉丁美洲各国对跨境交易征税时所依据的唯一征税原则。许多拉丁美洲国家多年来在实践中的确仅采用了来源地征税规则。①

(2) 税收主权与避免双重征税之间的关系

税收主权独立原则也是税收辖区之间针对跨境收入进行征税权分配的主要法律原则之一。各个税收辖区在行使其税收主权时,应该有权不受外部影响地推行其所选择的任何税收政策。② 从这个意义上而言,来源国制定税收优惠政策和放弃部分税收收入,也属于来源国行使其税收主权行为,不应受到其他国家的干涉或影响。对于大多数国家而言,制定税收优惠政策多是为了有利于经济发展,因此这些优惠所针对的纳税人才应该是这些税收优惠政策的真正受益者。

如果一个国家仅是一个孤立的经济体,其税收制度可以只适用于国内投资者。但是在经济全球化的背景下,绝大多数国家的居民在从事跨境经济活动时,必须同时受制于来源国税收管辖权和居民国税收管辖权。③ 若居民国和来源国不受限制地行使各自的税收主权,可能就会出现双重征税情况。在这种情况下,通常需要缔结税收协定,通过在协定中自愿地约定限制征税权的条件和方法,避免重复征税。

(3) 税收饶让制度对税收管辖权的尊重和认可

Schoueri 认为,缔约国一旦缔结了税收协定,居民国应该将其管辖

---

① See Marti, No Tax Sparing, No Exemption—Policy in Latin America, Tax Executive, Vol. 30, 1977-1978.

② See McLure, Globalization, Tax Rules and National Sovereignty, IBFD Bulletin for International Taxation, Vol. 55, 2001.

③ See Marti, No Tax Sparing, No Exemption—Policy in Latin America, Tax Executive, Vol. 30, 1977-1978.

权限制在协定约定的范围内,不可越界侵犯来源国的税收管辖权,即居民国应尊重来源国的税收管辖权。

按照当前的征税权分配规则,《OECD 范本》和《联合国范本》都规定由居民国行使剩余的征税权。例如,对于股息收入,《OECD 范本》和《联合国范本》规定了应由居民国和来源国分享征税权,即在来源国优先行使征税权之后,居民国再采用境外税收抵免法实现避免双重征税目的。此时,居民国实际上行使的是一种"剩余的征税权"(residual taxing right),即仅针对来源国税收低于居民国税收的差额部分征税。居民国行使这种剩余征税权的后果是,如果来源国减少征税,则居民国可征收的差额税收将提高;如果来源国提高征税率,则居民国可征收的差额税收将下降。以此逻辑分析,当来源国减少对非居民的征税额时,只会导致提高居民国可征收的差额税款,而不能使非居民纳税人受益。于是,从来源国角度而言,居民国该剩余的征税权可能会干扰来源国行使其税收管辖权,即来源国可能会对非居民征收尽可能高的税收,或者当来源国单方面决定不对非居民(部分或全部)征税时,来源国会要求在与居民国的税收协定中采用税收饶让制度,确保来源国饶让的税收将直接惠及纳税人,而不是支付给居民国。在这个意义上而言,税收饶让制度的功能是通过在居民国和来源国之间划出一条实质性的边界线,旨在承认来源国在其税收管辖权范围内可以自由地行使税收主权。

税收饶让制度的这一功能在税收优惠饶让机制和固定比例抵免机制中都有所体现。在税收优惠饶让机制中,居民国通过承诺抵免来源国通过提供税收优惠而放弃的税收,由此尊重和承认来源国的税收主权。在固定比例抵免机制下,无论纳税人在来源国是否实际支付了税收,居民国都承诺按照税收协定规定的固定抵免比例来抵免纳税人的来源国税收,所以这个固定抵免比例明显是缔约国双方在税收协定中协商确定的税收管辖权分界线,即 Schoueri 所主张的缔约国不应逾越的分界线。由此,在税收协定约定的可征收预提所得税最高税率之下,来源国将能够决定其实际征收的预提所得税额,居民国不考虑来源国的实际征收率而是按协定约定的固定抵免比例来抵免来源国的预提所得税,这是一种尊重来源国的税收主权和认可缔约国双方在税收协定中划定税权分界线的行为。

四、税权公平分配工具论

加拿大学者李金艳从国家间公平原则的角度分析税收饶让制度,提出税收饶让制度是改进国家间不公平的税收分配、保护来源国征税权的一项技术性工具。① 国家间公平原则(Inter-nation Equity)由 Peggy Musgrave 和 Richard Musgrave 在 20 世纪 60 年代提出,他们将该原则描述为"国家之间的税收分配应该公平"。② 在实施方法方面,国家间公平原则与 Georg von Schanz 的经济效忠理论类似,即主张应将大部分征税权分配给来源国,因为来源国对其他国家应得收入的税基份额和税率涉及国际公平问题,需要通过国际合作得以实现。③

李金艳认为,目前税收协定下的征税权分配规则主要是通过限制

---

① See Jinyan Li, Improving Inter-Nation Equity through Territorial Taxation and Tax Sparing, working paper, 2009.
② See Musgrave, United States Taxation of Foreign Investment Income: Issues and Arguements, Law School of Harward University, 1969, p. 133.
③ See Vogel, Taxation of Cross-border Income, Harmonization, and Tax Neutrality under European Community Law: An Institutional Approach, Kluwer,1994.

来源国征税权的方式得以实现的,因此更有利于输出资本的居民国,对来源国而言是不公平的,违反了国家间平等原则。因此,有必要在缔约国之间重新进行征税权分配,确保居民国和来源国处于平等地位,由此提高国家间税权分配的公平性。对于如何确保来源国对来自其境内的收入具有公平的征税权,李金艳提出了两个方案:一个方案是所有国家都采用属地征收原则,由此居民国就不能对来自其辖区之外的收入实施剩余征税权。这种属地原则与拉丁美洲学者依据的经济效忠理论相似,其实质是主张跨境收入应仅在来源国纳税。另一个方案是采用税收饶让制度来纠正对来源国的不公平待遇,旨在要求居民国放弃对收入的剩余征税权,由此承认来源国的税收主权和支持来源国提供税收优惠的权利。[①]

[①] See Jinyan Li, Improving Inter-Nation Equity through Territorial Taxation and Tax Sparing, working paper, 2009.

第三章
关于税收饶让制度与外商直接投资之间关系的争论

一、税收对外商直接投资的影响

无论是固定比例抵免机制,还是税收优惠饶让机制形式,理论上而言都是旨在确保来源国减免的税收能惠及外国投资者,从而提高来源国对外商直接投资的吸引力。然而,上述对税收饶让制度基本功能的研究需要架构在两层基本假设之上:一是税收能对外商直接投资产生影响;二是税收优惠能对外商直接投资产生影响。

(一)外商直接投资的概念和发展趋势

根据《OECD 外商直接投资的基准定义》(OECD Benchmark Definition of Foreign Direct Investment)报告中的定义,外商直接投资(Foreign Direct Investment,简称"FDI")指的是由一国居民所进行的跨境投资行

为,目的是获得另一国企业的持久利益。① 该定义中的"持久利益",要求外国投资者至少持有被其投资企业(即"外商投资企业")10%的投票权。② OECD 认为具备了该10%投票权门槛,才能表明外国投资者与外商投资企业之间存在长期的战略合作关系,也才能表明外国投资者能对外商投资企业产生重大影响。因此,上述"持久利益"投票权门槛也能用于区别外商直接投资与证券投资,后者一般指投资者拥有少于持久利益门槛(即10%投票权)的跨境投资,这意味着投资者没有兴趣控制被投资的企业,其投资行为仅仅是为了获得财务利润。

外商直接投资已被广泛认为是一项促进国家发展的重要工具③,其能对东道国经济产生一定的积极影响,包括提高生产力、促进技术转让、引进新工艺、提高管理技能和知识储备、有助于东道国经营者融入

---

① See OECD Benchmark Definition of Foreign Direct Investment (fourth edition), 2008.

② 各国国内法中对于投资者在外商直接投资公司中的"持久利益"规定可能存在差异,笔者之所以使用 OECD 的 10%投票权门槛,是因为国际货币基金组织、世界银行以及联合国贸易和发展会议的统计数据(笔者在本书中使用这些数据进行分析)都是基于 OECD 的定义标准。此外,《OECD 外商直接投资的基准定义》将外商直接投资分为两大类:一类是"绿地投资",指的是投资者为外商直接投资企业的工厂和设备提供资金以及其他创造性、生产性资产所作的投入。另一类是"并购交易",指的是投资者为获得外商直接投资企业所有权的并购交易而提供资金。笔者在本书中不对这两类外商直接投资作进一步区分,原因如下:一是外商投资者一旦有资格享受税收协定中的相关税收饶让条款,无论其进行的是绿地投资还是并购交易,都可享受到该税收条款所规定的饶让抵免待遇。二是本书所使用的数据来自联合国贸易和发展会议、世界银行、OECD 和欧盟统计局,这些机构在统计相关数据时也未明确区分这两类外商直接投资,因此笔者在研究中无法辨析税收饶让制度对这两类投资所产生的影响是否不同。但是笔者必须承认,关于税收饶让制度可能对这两类投资会产生的影响,笔者确实存有一定的疑虑,因为一些国家仅对绿地投资提供某些税收优惠,并不针对并购交易提供税收优惠。See Deloitte, 2014 Global Survey of R&D Tax Incentives, March 2014. 但是也有些国家仅针对并购交易提供税收优惠,例如新加坡政府为并购交易提供补贴优惠。参见新加坡发展委员会网站,https://www.edb.gov.sg/content/edb/en/why-singapore/ready-to-invest/incentives-for-businesses.html。然而由于缺乏相关统计数据,笔者无法验证税收饶让制度对这两类外商直接投资是否产生了不同的影响效果。

③ See OECD Factbook 2013: Economic, Environmental and Social Statistics, http://www.oecd-ilibrary.org/sites/factbook-2013-n/04/02/01/index.html? itemId =/content/chapter/factbook-2013-34-en.

国际生产网络和进入国际市场等。① 据 Julia Braun 的研究②,在 20 世纪 50 年代实施马歇尔计划时③,大部分外商直接投资从美国流向欧洲各国。④ 在 20 世纪 60 年代,由于布雷顿森林体系⑤创造了一个稳定的国际货币框架,全球范围内的外商直接投资流量稳步上升。在 20 世纪 70 年代和 80 年代,从发达国家流入发展中国家的外商直接投资增长迅速,主要原因之一是拉丁美洲国家和亚洲国家在这一时期致力于通过吸引外商直接投资来促进经济发展。到了 20 世纪 90 年代,受到各

---

① See Alfaro, Chanda, Kalemli-Ozcan, and Sayek, FDI Spillovers, Financial Markets and Economic Development, IMF Working Paper, WP/03/186, September 2003.

② See Braun, The Effect of Tax Sparing Provisions on Foreign Direct Investment Inflows in Developing Countries, Wien, Wirtschaftsuniv., Dipl. -Arb., VIII, 125 S., 2010.

③ 马歇尔计划(正式名称为"欧洲复兴计划"),是美国援助欧洲的举措之一,自 1948 年 4 月起,为期四年,美国提供了一系列经济支持,以帮助第二次世界大战结束后的欧洲经济重建。参见马歇尔基金会网站,http://marshallfoundation.org/marshall/the-marshall-plan/。

④ 外商直接投资流量是指在特定时期内的新外商直接投资,通常指的一年时间。外国直接投资流量数据一般以净值为基础,即外商投资者与其外商直接投资企业之间的资本交易贷方减去借方。资产的净减少(外向型外商直接投资)或负债的净增加(内向型外商直接投资)被记录为贷方(在国际收支中以正号记录),而资产的净增加或负债的净减少被记录为借方(在国际收支中以负号记录)。外商直接投资流量包括流入和流出,外商直接投资的流入量能显示出外国投资者在特定时期内对报告经济体居民企业的新投资;外商直接投资的流出量是报告经济体居民实体在特定时期内对国外关联企业的新投资。参见联合国贸易和发展会议网站,http://unctad.org/en/Pages/DIAE/Investment%20and%20Enterprise/FDI_Flows.aspx。另一个重要的外商直接投资统计指标是外商直接投资存量,它代表了特定时期结束时所有先前投资的累积价值,反映出一个国家的国际投资状况。联合国贸易和发展会议认为外商直接投资存量数据是按账面价值或历史成本列出的,反映了投资时的价格。对于许多经济体而言,外商直接投资存量的估算方法是将一段时间内的外商直接投资流量累积起来,或者将流量加入从国家官方来源或国际货币基金组织关于直接投资的资产和负债数据系列中获得的某一年的外商直接投资存量。某一特定时间点的内向存量是指非居民在报告经济体中的所有直接投资。参见联合国贸易和发展会议网站, http://unctad.org/en/Pages/DIAE/Investment%20and%20Enterprise/FDI_Stocks.aspx。

⑤ 布雷顿森林体系是于 1944 年在美国新罕布什尔州布雷顿森林召开的联合国货币和金融会议上,44 个国家达成的货币管理制度。这 44 个国家是 20 世纪 40 年代的世界主要工业国,根据该体系要求,这些国家应将其货币与黄金挂钩来维持汇率。See Steil, The Battle of Bretton Woods: John Maynard Keynes, Harry Dexter White and the Making of a New World Order, Princeton University Press, 2013.

类区域合作或全球合作计划的刺激,包括乌拉圭回合谈判结束①、WTO建立②、《北美自由贸易协定》生效③以及欧盟持续扩张④等,全球范围内的外商直接投资急速增长。

在2000年全球外商直接投资流量已达1.3万亿美元,其中欧盟成员国、美国和日本是最大的外商直接投资国家,流入发展中国家的外商直接投资也达到2400亿美元。在2002年至2007年期间,全球外商直接投资流量继续快速增长。在经历了2008年和2009年金融危机带来的急剧下降后,全球范围内的外商直接投资自2011年起恢复增长。2013年,全球外商直接投资流量达到1.45万亿美元。一个值得注意的特点是,发展中国家的外商直接投资流出量达到5530亿美元,占2013年全球外商直接投资流出量的39%,而在2000年代初,这一比例仅为12%。中国是发展中国家对外投资增长的典型代表,2013年,中国已经成为继美国和日本之后的第三大外商直接投资流出国。根据联合国贸易和发展会议预测的外商直接投资发展趋势,全球范围内的外商直接投资流量将在未来几年继续上升,发达经济体加速经济

---

① 乌拉圭回合谈判是指在《关税及贸易总协定》(GATT)框架内进行的第8轮多边贸易谈判,从1986年在乌拉圭开始谈判,随后于1994年在日内瓦、布鲁塞尔、华盛顿特区、东京和摩洛哥的马拉喀什进行谈判。在乌拉圭回合谈判期间,共签署了20项协议,涉及农业、纺织品和服务贸易的解放,知识产权保护和投资政策。参见WTO网站,https://www.wto.org/english/docs_e/legal_e/legal_e.htm#GATT94。

② WTO是一个以监督和实现国际贸易自由化为目的的组织。WTO于1995年1月1日正式成立,1994年签署的《乌拉圭回合协议》取代了《关税及贸易总协定》。参见WTO网站,https://www.wto.org/english/thewto_e/whatis_e/tif_e/org6_e.htm。

③ 《北美自由贸易协定》是由加拿大、墨西哥和美国签署的一项多边协议,于2014年1月1日正式生效,在北美建立了三边贸易集团。参见北美自由贸易区网站,https://www.nafta-sec-alena.org/Home/Welcome。

④ 1990年德国统一后,欧盟范围扩大到德国东部;1995年,欧盟接着扩大到包括奥地利、芬兰和瑞典等新成员国。参见欧盟网站,http://europa.eu/about-eu/countries/member-countries/。

复苏,发展中国家外商直接投资流入和流出也会继续增长。①

(二) 对外商直接投资征收的所得税

当外国投资者是非居民且外商投资企业将股息分配给该外国投资者时,各国一般会对该外商直接投资关系方征收以下三层所得税。

第一层是企业所得税,即外商投资企业所在国对外商投资企业的利润征收所得税。由于外商投资企业是该国的税收居民,因此该国基于居民管辖权可对外商投资企业征收所得税;同时,因为外商投资企业的利润来自该国,因此该国也是外商投资企业的收入来源国,所以基于来源国管辖权也可对该外商投资企业征收所得税。②

第二层所得税也由来源国征收,即对外商投资企业分配给外国投资者的股息征税,通常被称为"预提所得税"③。尽管纳税人是外国投资者,但是由于外国投资者是非居民,来源国通常会对外商投资企业施加一项代扣代缴义务,从其应分配的股息红利中预扣一定的所得税金额。来源国征收这种预提所得税是基于其与所分配股息之间的关系,因为外商投资企业需要先从来源国辖区内获得利润,然后才能就税后利润向外国投资者股东分配股息红利,因此外商投资企业所在国应是外国投资者就该股息收入的来源国,基于来源国管辖权可以对外国投

---

① See UNCTAD, World Investment Report 2001—Promoting Linkages, United Nations, New York and Geneva, 2001.

② See UN, Department of Economic and Social Affairs, Division for Public Administration and Development Management, Manual for the Negotiation of Bilateral Tax Treaties between Developed and Developing Countries, New York, 2003.

③ 各国内税法通常会规定,基于来源地管辖权,对非居民在其辖区取得的三类被动型收入(股息红利、利息和特许权使用费)征收预提所得税。

资者股东征收所得税。①

第三层税收是由外国投资者的居民国对其股息红利收入所征收的所得税。居民国基于与外国投资者的居住地或国籍关系行使居民国管辖权,向外国投资者征收所得税。②

(三) 避免双重征税

当居民国和来源国都行使征税权对外商直接投资征收上述三层所得税时,很可能会产生双重征税现象。根据所得税征收对象和征税时点的不同,产生的双重征税现象可以分为两大类:法律上双重征税和经济上双重征税。法律上双重征税是指两个或多个国家对同一纳税人的同一收入征税,即当来源国对外国投资者征收第二层预提所得税时,居民国也对该外国投资者的同一股息收入征收第三层所得税,这就会产生法律上双重征税。经济上双重征税是指针对同一收入,两个国家对不同纳税人征税。当来源国针对外商投资企业的利润征收第一层所得税——企业所得税时,居民国对外国投资者的股息红利收入征收第三层所得税,这时就出现经济上双重征税。此时虽然外国投资者不是第一层所得税的纳税人,但仍间接地承担了第一层所得税的税收负担,因为第一层所得税降低了外商投资企业的税后利润,因此也就减少了外国投资者的股息收入。③

---

① See UN, Department of Economic and Social Affairs, Division for Public Administration and Development Management, Manual for the Negotiation of Bilateral Tax Treaties between Developed and Developing Countries, New York, 2003.
② Ibid.
③ See Lang, Introduction to the Law of Double Taxation Conventions, 2nd edition, Linde, 2013.

避免法律上双重征税,是缔约国双方签订双边税收协定的主要目的之一。这一协定目的主要是通过实施以下两种措施来实现:一是缔约国在税收协定中就某些类型收入的征税权分配规则达成协议,限制来源国对这些收入行使征税权的条件或税率;二是居民国在税收协定中承诺,当来源国和居民国按协定规定对同一收入都可行使征税权时,居民国将通过采用境外税收抵免法或境外收入免税法,抵免纳税人在来源国已纳税收或者对纳税人来自来源国的收入免于征税。①

(1) 税权分配规则

《OECD 范本》和《联合国范本》对于来源国和居民国之间的征税权分配问题,主要规定了以下两类规则:

第一类分配规则是完全剥夺来源国对某类收入的征税权,并将对该收入的专属征税权分配给居民国。例如,《OECD 范本》和《联合国范本》第 7 条(营业利润)第 1 款规定如下:

> 一、缔约国一方企业的利润应仅在该缔约国征税,但该企业通过设在缔约国另一方的常设机构在缔约国另一方进行营业的除外。如果该企业通过设在缔约国另一方的常设机构在缔约国另一方进行营业,则其利润可以在缔约国另一方征税,但应仅以归属于该常设机构的利润为限。

根据上述分配规则,来源国被完全地剥夺了对非居民来源于其辖区内营业利润的征税权,除非该非居民是通过设立在来源国的常设机构或固定营业地才获得了该收入。

---

① See Surrey, United Nations Model Convention for Tax Treaties between Developed and Developing Countries: A Description and Analysis (Selected monographs on taxation), International Bureau of Fiscal Documentation, 1980.

第二类分配规则是确保来源国对来自其辖区某类收入的优先征税权,但也保留居民国对该笔收入的征税权。为了避免法律上双重征税,税收协定也规定居民国有义务抵免纳税人在来源国已经缴纳的税款或者免除纳税人在来源国收入在居民国的纳税义务。例如《OECD 范本》第 16 条(董事费)规定,来源国(即接受报酬的人担任董事会成员的企业所在国)在对董事费有优先征税权,即"缔约国一方居民作为缔约国另一方居民公司的董事会成员取得的董事费和其他类似款项,可以在该缔约国另一方征税。"对于纳税人该笔董事费收入,居民国虽然也保有征税权,但是居民国有义务采用境外税收抵免法或境外收入免税法避免双重征税。① 由此可见,当居民国采用境外税收抵免法时,居民国对于境外收入行使的实际上是剩余征税权。这意味着居民国能否对境外收入征到税,将取决于居民国税负是否高于来源国税负。因此,来源国征收的税款越少,居民国抵免来源国的已缴税款后,可征收的剩余税额就越高。

对于第二类分配规则下的收入类型,缔约国双方通常会在协定中约定来源国行使征税权时的税率上限。这类收入一般是来源国辖区内产生的利息、股息和特许权使用费等被动型收入,例如《OECD 范本》和《联合国范本》在第 10 条(股息)、第 11 条(利息)和第 12 条(特许权使用费)中都规定了来源国可征收的最高所得税税率。以下是《OECD 范本》第 10 条第 2 款规定:

> 二、然而,这些股息也可以在支付股息的公司为其居民的缔约国,按照该缔约国的法律征税。但是,如果股息受益所有人是缔约国另一方居民,则所征税款:

---

① 参见《OECD 范本》第 23 条。

(一) 如果受益所有人是直接持有支付股息公司至少25%资本的公司(不是合伙企业),不应超过股息总额的5%;

(二) 在其他情形下,不应超过股息总额15%。

缔约国双方主管当局应通过相互协商,确定实施该限制税率的方式。

本款不应影响对该公司支付股息前的利润所征收的公司利润税。

《OECD范本》和《联合国范本》关于第二类分配规则的主要区别之一在于规定的税率上限不同。例如,《OECD范本》规定,对于股息收入,来源国可征收的最高所得税税率应为5%或15%;《联合国范本》则将对于股息收入来源国可征收的最高所得税税率列为一项空格,由缔约国在税收协定谈判后填入。这些差异主要源于《OECD范本》和《联合国范本》对于居民国和来源国征税权分配问题的态度不同。《联合国范本》旨在保护发展中国家的利益。由于发展中国家与发达国家之间发生经贸往来活动时,在大多数情况下发展中国家是处于来源国的地位,因此《联合国范本》不会直接限定来源国可征收所得税的最高税率,而是以空格的形式留出,待缔约国双方谈判后填入。许多发展中国家在谈判中不同意采用《OECD范本》建议的最高税率,通过与发达国家谈判后,在其双边税收协定中确实约定了一些高于《OECD范本》建议的最高税率。[①]

(2) 避免双重征税方法

为了消除法律上双重征税,《OECD范本》和《联合国范本》规定了

---

① See Easson, Taxation of Foreign Direct Investment: An Introduction, Series on International Taxation, Boston, Kluwer Law International, 1999.

两种方法:境外收入免税法和境外税收抵免法,供缔约国双方谈判后选择适用。①

境外收入免税法要求居民国对其居民在来源国获得的某些收入免于征税。适用境外收入免税法的结果是,纳税人的境外收入将仅在来源国缴税。适用于纳税人所有境外收入的境外收入免税法被称为"完全境外收入免税法"。然而许多国家不同意将境外的股息、利息和特许权使用费等被动型收入也纳入境外收入免税法的适用范围,因此在作为居民国时,这些国家会保留对这些被动型收入的征税权,通常仅允许居民抵免针对这些被动型收入所支付的来源国税款。②

境外税收抵免法要求居民国抵免其居民在来源国所缴纳的税款。居民国通常将可抵免的来源国税款限制在居民国对同一境外收入征税额之内,因此当来源国的实际有效税率低于居民国的税率时,只有居民国税款超过来源国税款的部分才需要实际支付给居民国。当来源国的实际税负高于居民国税负时,居民国往往无法再补征任何税款,而是需要考虑是否允许结转这些来源国税款与居民国税款的差额部分。因此,在居民国采用境外税收抵免法时,纳税人的实际税负一般应是居民国和来源国税负之间的较高者。

(四)税收因素对外商直接投资的影响

关于税收因素对资本和劳动力的影响问题,1995 年 Charles

---

① 《OECD 范本》和《联合国范本》分别在其第 23(A)条和第 23(B)条中为这两种方法提供了示范条款。

② See UN, Department of Economic and Social Affairs, Division for Public Administration and Development Management, Manual for the Negotiation of Bilateral Tax Treaties between Developed and Developing Countries, New York, 2003.

Tiebout 在"A Pure Theory of Local Expenditure"①一文中讨论了一个案例:某地政府试图通过提供税收和公共产品组合措施来吸引富裕民众移至当地,即政府希望通过采取特定的税收政策来影响个人行为。关于税收对外商直接投资影响的实证研究得出了不同结果,但目前一个普遍认同的观点是:能否吸引外商直接投资到特定国家,应取决于该国的税收因素和非税收因素的共同作用。② 非税收因素包括该国的市场、技术工人、劳动力成本、材料成本、基础设施、供应商、法律框架和宏观经济稳定性等。③ 税收因素则指该国的基本税收制度要素,包括税基、税率和税收管理以及税收优惠等。④

税收因素虽然通常不是决定外商直接投资在某国落户的因素,但当非税收因素相同或相似时,税收因素可能会影响外国投资者的选址决定。⑤ Clark 在 2000 年研究发现,东道国的税收政策会影响资本的流

---

① See Tiebout, A Pure Theory of Local Expenditure, Journal of Political Economy, Vol. 64, 1956.

② See Mutti, Grubert, Empirical Asymmetries in Foreign Direct Investment and Taxation, Journal of International Economics, Vol. 62, 2004; Lawrence and Stanley, Tax Systems in the World: An Empirical Investigation into the Importance of Tax Bases, Administration Costs, Scale and Political Regime, International Tax and Public Finance, Vol. 13, 2006, pp. 181-215; OECD, Tax Effects on Foreign Direct Investment: Recent Evidence and Policy Analysis, 2007.

③ See OECD, Tax Effects on Foreign Direct Investment: Recent Evidence and Policy Analysis, 2007.

④ See Holland and Vann, Income Tax Incentives for Investment, in V. Thuronyi (ed.), Tax Law Design and Drafting, International Monetary Fund, Vol. 2, 1998.

⑤ See Hines, Lessons from Behavioral Responses to International Taxation, Michigan Ross School of Business, Office of Tax Policy Research, Product Number WP 1999-1, 5 May 1999. Also See Morisset, and Pirnia, How Tax Policy and Incentives Affect Foreign Direct Investment: A Review, World Bank Policy Research Working Paper No. 2509, 1999; Devereux and Griffith, The Impact of Corporate Taxation on the Location of Capital: A Review, Swedish Economic Policy Review, Vol. 9, 2002, pp. 79-102; Devereux, The Impact of Taxation on the Location of Capital, Firms, and Profit: A Survey of Empirical Evidence, Working Paper 07/02, 2007, Oxford University Centre for Business Taxation; Wamser, Foreign (in) Direct Investment and Corporate Taxation, Canadian Journal of Economics, Vol. 44, No. 4, 2011.

动,尤其是对于投资者的选址决策方面有明显影响。[①] Devereux 和 Griffith 在 2002 年的研究也发现,税收因素会影响外商直接投资的地点和投资决策,但是外国投资者在作出决策时往往需要考虑多种税收因素。[②] 于是 Devereux 和 Griffith 制定了下列三层决策树模型,来分析不同税收因素对外商直接投资的影响:

(1) 第一个层次:对于商业模式决策的影响

若外国投资者在居民国生产出产品后再将产品出口到目的地国,对于由此产生的利润应由外国投资者居民国征收所得税,因为该居民国同时也是相关收入的来源国。当外国投资者在海外市场所在国设立外商投资企业并生产产品时,在计算外国投资者的税后利润时,需要将其居民国和收入来源国所征税收都考虑在内。因此 Devereux 和 Griffith 主张,当外国投资者决定在居民国内生产后再出口,还是在海外市场直接生产销售时,对于这两个商业模式的决策选择,必须根据外国投资者的不同选址决策、投资规模以及居民国和海外市场的具体税负,来测算外国投资者的全球税负及税后净利润。

(2) 第二个层次:对于投资选址决策的影响

Devereux 和 Griffith 认为,外商直接投资的选址决策会受到东道国有效平均税率的影响,因为东道国有效平均税率能显示东道国税收对投资者利润的影响程度。[③] 有效平均税率是指与某一特定项目有关的税收现值与该项目将产生的税前利润现值之比。换言之,有效平均税

[①] See Clark, Tax Incentives for Foreign Direct Investment: Empirical Evidence on Effects and Alternative Policy Options, Canadian Tax Journal, Vol. 48, 2000, p. 1139.

[②] See Devereux and Griffith, The Impact of Corporate Taxation on the Location of Capital: A Review, Swedish Economic Policy Review, Vol. 9, 2002.

[③] See Clark, Assessing the FDI Response to Tax Reform and Tax Planning, OECD Global Forum on International Investment, 27-28 March 2008.

率将税收总额与利润总额联系起来,因此外国投资者通常倾向于向有效平均税率较低的东道国投资,因为东道国的有效平均税率越低,外国投资者在东道国的平均税收负担就会越低,获得的投资现值就会越高。

(3) 第三个层次:对于投资规模决策的影响

Devereux 和 Griffith 认为,外商直接投资的投资规模应该根据目标东道国的有效边际税率来决定。① 有效边际税率是指项目的预期税后收益与该收益本身之间的比率。有效边际税率衡量的是投资资本边际单位的税收负担,通常用于决策新的边际投资金额。

二、税收优惠措施对外商直接投资的影响

Devereux 和 Griffith 的研究表明,较低的有效平均税率可能会提高外国投资者的投资意愿,税收优惠措施往往有助于降低有效平均税率。按照这个逻辑,税收优惠措施应该能够影响外商直接投资的选址决策。② 例如,Samuel Tung 和 Stella Ho 在 2000 年的研究就发现,中国的优惠税率措施能有效地吸引外商到特定区域投资。③ 但是有一些研究却得出了不同的结论,甚至发现一些税收优惠措施对吸引外商直接投

---

① See Devereux and Griffith, The Impact of Corporate Taxation on the Location of Capital: A Review, Swedish Economic Policy Review, Vol. 9, 2002.

② See Mendoza, Razin and Tesar, Effective Tax Rates in Macroeconomics: Cross-Country Estimates of Tax Rates on Factor Incomes and Consumption, NBER Working Paper, No. 4864, September 1994.

③ See Tung and Cho, The Impact of Tax Incentives on Foreign Direct Investment in China, Journal of International Accounting, Auditing and Taxation, Vol. 9, No. 2, 2000.

资没有效果,而影响投资的是非税收因素。Alexander Klemm 和 Stefan Van Parys 在 2009 年研究发现,境外收入免税法和优惠税率措施对外商直接投资的选址决策能产生影响,但是投资补贴措施却未产生预期的影响效果。[①] Richard Bird 在 2000 年分析了税收优惠措施的诸多负面效应,包括行政成本难以估算、难以预测税收优惠措施的有效性等。[②] Sebastian James 在 2013 年以爱尔兰、韩国和新加坡为例,发现这些国家是在税收优惠措施和改进投资环境的共同努力下,才吸引到大量的外商直接投资。尽管降低有效税率可能有助于吸引外商直接投资,但一国投资环境对外商直接投资的影响效果更为明显,因此 James 主张各国应更重视改进本国投资环境来吸引外商投资。[③] Easson 和 Zolt 则提出,税收优惠措施可以在鼓励国内外投资方面发挥积极作用。但是对于投资者的影响程度、税收优惠措施的实施成本高低,取决于对税收优惠措施的设计、实施和监管方式。[④]

对于学术研究结果为何存在巨大的差异,笔者认为可以从两个方面进行分析:一是对税收优惠措施的成本效益进行分析;二是分析税收优惠措施与投资者居民国税收制度之间的相互关系。从成本效益的角度而言,提供税收优惠措施的国家必须承担一定的成本,包括牺牲一定

[①] See Klemm and Parys, Empirical Evidence on the Effects of Tax Incentives, IMF Working Paper, WP/09/136.
[②] See Bird, Tax Incentives for Investment in Developing Countries, in Perry, Whalley, and McMahon (eds.), Fiscal Reform and Structural Change in Developing Countries, Vol. 2. Palgrave Macmillan, 2000.
[③] See James, Effectiveness of Tax and Non-Tax Incentives and Investments: Evidence and Policy Implications, http://ssrn.com/abstract = 2401905 or http://dx.doi.org/10.2139/ssrn.2401905, September 2013.
[④] Easson and Zolt, Tax Incentives, World Bank Institute, http://siteresources.worldbank.org/INTTPA/Resources/EassonZoltPaper.pdf.

的税收收入、发生额外管理成本①、扭曲市场②、产生机会成本③等。上述一些成本是可量化的,例如,牺牲一定的税收收入指的是国家因提供税收优惠措施所减少的税收收入,一般可以通过编制税式支出报告进行统计和估算。但是大多数成本是无法进行量化的,例如行政成本、扭曲市场、机会成本以及实施税收优惠措施的社会成本等都是难以衡量和计算的。在进行效益评估时,直接效益指标包括因税收优惠措施吸引投资所增加的财政收入,以及在就业、技术转让、价值链升级等领域所产生的溢出效应。同样,在量化效益时也面临诸多挑战。例如,如何量化税收优惠导致的投资行业或部门变化,从而带来的财政收入增长?如何量化税收优惠导致就业率提高而增强的政治稳定性?如何量化经济多样化对环境和社会的影响?如何量化投资增加所带来的生产力提高效益?诸多因素无法被量化,导致了关于税收优惠措施的实证研究往往无法基于准确数据,而在基于过多估计和假设的情况下,实证研究结果就难免会存在较大差异。

从税收优惠措施与外国投资者居民国税收制度的相互关系角度而言,需要关注外国投资者居民国在税收制度方面的差异问题。当居民国采用的是属地税制或采用境外收入免税法时,外国投资者在享受来源国税收优惠措施给予的来源国税收减免时,无须顾虑回到居民国是否需要补税问题。然而,当居民国采用的是对全球所得征税制度和境外税收抵免法时,投资者就必须考虑其居民国税收义务,因为投资者因来源国提供税收优惠措施所能享受的税收减免可能会因居民国实施境

---

① 管理成本是指一个国家监测和管理税收优惠措施的成本。See Mark Gallagher, Benchmarking Tax Systems, Public Administration and Development, Vol. 25, 2005.
② 市场扭曲是指给予奖励的投资与没有奖励的投资之间的成本,包括相关部门或行业的价格高于国际市场价格,或相关部门或行业的产品质量低于国际市场。
③ 机会成本是指一个国家的投资与其他可能使用的财政资源的对比成本。

外税收抵免法而被抵消,在这种情况下,来源国税收优惠措施无法惠及外国投资者。因此,对于来源国而言,为了发挥其税收优惠措施的效力,至关重要的是,在缔结双边税收协定时要坚持采用税收饶让制度。尽管存在上述影响税收优惠措施效果的因素,笔者仍倾向于认同税收优惠措施会影响外商直接投资的选址决策,并且认为税收优惠措施的设计和实施方式是决定该影响效果的关键要素。

三、税收饶让制度对外商直接投资的影响

在居民国采用境外税收抵免法时,税收饶让制度的基本功能在于确保税收优惠能惠及外国投资者。此外,经济学研究发现,发达国家使用税收饶让制度时,也有提高本国企业海外竞争力的目的。典型的例子是日本处于资本输出国立场时,通过与东道国签订含有税收饶让条款的双边税收协定,大幅度地降低了日本企业在东道国投资时的税负,从而提高日本企业在东道国市场上的竞争力。另外,新加坡也采用了税收饶让制度来配合其经济战略,一方面用于吸引外商投资,另一方面用于提高新加坡企业在海外投资时的竞争力。这些例证表明,税收饶让制度不仅可由资本输入国采用,也可由资本输出国采用,即各国都可以根据其经济战略目标,将税收饶让制度作为国家税收政策的一部分灵活使用。关于税收饶让制度对日本对外投资的影响,有三项具有代表性的实证研究成果:Hines 在 2000 年的研究[1], Azémar、Desbordes 和

---

[1] See Hines, Tax Sparing and Direct Investment in Developing Countries, in the volume named International Taxation and Multinational Activity, University of Chicago Press, 2000.

Mucchielli 在 2007 年的研究①以及 Azémar 和 Delios 在 2008 年的研究②。

（一）Hines 在 2000 年的研究

Hines 在 2000 年要研究的问题是：税收饶让制度能否增加流向发展中国家的外商直接投资？③ 为了解决该问题，Hines 比较了在 1990 年美国投资者和日本投资者的投资模式，投资东道国为 67 个发展中国家和 8 个发达国家。美国和日本在 2009 年之前的所得税制度具有一定的相似性，两国都对其居民的全球收入征税，并且都采用了境外税收抵免法来避免法律上双重征税。由于美国和日本当时的所得税税率高于世界上大多数国家，美国投资者和日本投资者取得境外收入并在来源国缴税后，通常在居民国适用境外税收抵免后仍需补缴差额税款。但是美国和日本的税收协定政策存在差异，日本在其双边税收协定中经常以居民国身份承诺采用税收饶让制度，而美国却一直拒绝在税收协定中采用任何税收饶让制度。

Hines 使用三个变量，即税收饶让制度、投资东道国的税收优惠和外商直接投资的选址决策，对不同投资东道国的样本进行交叉分析。一个值得注意的问题是，Hines 并未注明其研究的税收饶让制度是固定比例抵免机制还是税收优惠饶让机制，或是两者皆有。在论文中，

---

① See Azémar, Desbordes and Mucchielli, Do Tax Sparing Agreements Contribute to the Attraction of FDI in Developing Countries?, Int. Tax & Public Finan., Vol. 14, 2007.
② See Azémar and Delios, Tax Competition and FDI: The Special Case of Developing Countries, Journal of the Japanese and International Economies, Vol. 22, 2008.
③ See Hines, Tax Sparing and Direct Investment in Developing Countries, in the volume named International Taxation and Multinational Activity, University of Chicago Press, 2000.

Hines 将税收饶让制度描述为一种允许投资者获得东道国税收减免利益的工具,旨在修正居民国税收制度的不足。由此推断,Hines 在研究中可能同时采用了固定比例抵免机制和税收优惠饶让机制。此外,Hines 在研究中假设了四种不同情况来分析税收饶让制度的影响:(1) 日本投资者和美国投资者在东道国的股权投资份额差异;(2) 日本投资者和美国投资者在东道国适用的实际有效税率;(3) 日本投资者和美国投资者在东道国的投资流量和投资存量;(4) 日本投资者和美国投资者在东道国不同行业领域的投资流量和存量。然后 Hines 使用税收饶让制度作为虚拟变量,即如果日本与东道国签订了税收饶让条款,则其值为 1,否则为 0。同时,Hines 将英国在税收协定中所使用的税收饶让条款作为日本税收饶让条款的工具变量,旨在排除日本与东道国之间因在文化或经济等领域具有密切关系而影响其回归结果。Hines 所使用的唯一控制变量是东道国的 GDP。Hines 研究的回归结果显示,税收饶让条款对日本投资者的选址地点、投资金额以及在东道国适用的实际有效税率,都具有较大影响。日本投资者明显倾向于去与日本缔结了税收饶让条款的东道国投资,和没有与日本签订税收饶让条款的国家相比,日本投资者在缔结了税收饶让条款国家的投资水平超出了 140%—240%。此外,当投资到与日本签订了税收饶让条款的东道国时,日本投资者的实际有效税率比美国投资者低 23%,因为美国未与任何东道国签订含有税收饶让条款的协定。从上述研究结果中,Hines 得出结论:税收饶让制度以两种方式发挥了促进外商直接投资的作用,一是通过减少居民国对境外收入的征税,二是鼓励东道国政府向外国投资者提供税收减免优惠。①

（二）Azémar 等在 2007 年的研究

Azémar、Desbordes 和 Mucchielli 在 2007 年考察了日本投资者和美国投资者在 1989 年至 2000 年期间向 26 个发展中国家投资的情况,② 通过观察日本投资者和美国投资者在这些东道国的投资分布情况和投资规模,Azémar 等分析了税收饶让制度对于这两国投资者的影响。Azémar 等也未在论文中说明其研究的税收饶让制度是固定比例抵免机制还是税收优惠饶让机制,或是两者皆有,但是在描述"税收饶让"一词时,Azémar 等提到了《1998 年 OECD 税收饶让报告》。由于该报告仅针对税收优惠饶让机制,因此笔者在此推测,Azémar 等在 2007 年研究的税收饶让制度,有可能仅针对税收优惠饶让机制。

为了评估税收饶让制度的影响,Azémar 等采用了多个变量,其中因变量包括外商直接投资份额、在东道国的投资流量、跨国销售活动以及就业情况;自变量则包括东道国的市场规模、集聚效应、贸易开放程度、汇率、民主程度、工资幅度和财政激励措施等。此外,Azémar 等还采用了东亚地区和太平洋区域作为虚拟变量,来排除日本与一些特定

---

① Hines 的研究成果受到了 Azémar、Desbordes 和 Mucchielli 的质疑。在后者于 2007 年的研究成果中,Azémar 等质疑 Hines 没在模型中采用 GDP 以外的变量,作为控制可能影响外商直接投资活动的因素,例如劳动力成本、地理距离、居民国与来源国之间存在的密切经济联系等,因此 Hines 研究中的回归结果可能会有一定的偏差。此外,Azémar 等建议,应采用面板模型而非横截面回归,否则无法考虑到一些特定国家的情况,并且回归样本量过少也使人们对结果产生怀疑。Azémar 等还指出,将发达国家和发展中国家的数据汇集到一个回归中,可能会扭曲研究结果,因为投资者在决定向发达国家或发展中国家投资时,影响其选址决策的因素可能不同。

② See Azémar, Desbordes and Mucchielli, Do Tax Sparing Agreements Contribute to the Attraction of FDI in Developing Countries?, Int. Tax & Public Finan. ,Vol.14,2007.

国家在地理、文化和经济等方面关系过密的影响。在回归中,Azémar 等使用是否采用税收饶让条款作为虚拟变量,而且采用日本投资者在不同东道国适用的实际有效税率作为衡量标准。在计算实际有效税率时,Azémar 等将居民国(日本)的法定税率设定为 t_r,将东道国的法定税率设定为 t_h,然后假设日本投资者由于享受东道国税收优惠而未在东道国支付任何税收,并且区分以下两种情况:(1) 东道国的法定税率低于居民国的法定税率($t_h<t_r$);或者(2) 东道国的法定税率高于居民国的法定税率($t_h>t_r$)。在这两种情况下,Azémar 等分别构建了日本投资者受益于税收饶让条款和未受益于税收饶让条款的情形,然后分别计算日本投资者适用的实际有效税率。

在第(1)种情况下,即 $t_h<t_r$,日本投资者能够受益于税收饶让条款,它们所适用的实际有效税率等于居民国的法定税率减去东道国的法定税率(t_r-t_h),因为投资者在东道国未缴纳的税收,仍能被用于抵免其居民国税收。如果日本和东道国没有缔结税收饶让条款,则日本投资者将不能受益于税收饶让条款,因此其实际有效税率将为居民国的法定税率(t_r)。在第(2)种情况下,即 $t_h>t_r$,日本投资者若能受益于税收饶让条款,则其实际有效税率将为零,原因是日本投资者可以享受东道国税收优惠,因而在来源国不用支付任何税收。如果日本和东道国没有缔结税收饶让条款,日本投资者的实际有效税率将等于居民国的法定税率 t_r,因为日本投资者在东道国没有支付任何税收,所以没有能用于抵免居民国税款的来源国税收。Azémar 等在表 3-1 中比较了日本投资者在不同情况下适用的实际有效税率。

表 3-1　日本投资者的实际有效税率

享受税收优惠时的有效税率		
法定税率	有税收饶让条款	无税收饶让条款
当 $t_h < t_r$ 时	$t_r - t_h$	t_r
当 $t_h > t_r$ 时	0	t_r

Azémar 等的研究结果表明,即便考虑到潜在的内生偏差,税收饶让条款仍会对日本投资者的全球税收负担产生影响。因此,在日本签订一系列含有税收饶让条款的税收协定之后,日本对外投资流量以每年 4.16% 的速度增加,日本企业的销售额和就业人数每年也分别增长了 2.3% 和 4.15%。Azémar 等的研究结果还表明,日本投资者倾向于到那些与日本缔结了税收饶让条款的发展中国家去设立企业,因为受益于税收饶让制度,日本投资者能降低实际有效税率和获得更高的回报率。因此,税收饶让条款对于日本投资者向发展中国家投资时的选址决策产生了影响。

（三）Azémar 和 Delios 在 2008 年的研究

Azémar 和 Delios 在 2008 年也分析了税收饶让条款对日本对外投资的影响,他们使用的是在 1990 年至 2000 年期间日本向 59 个发展中国家投资的面板数据。[①] Azémar 和 Delios 可能也仅研究了税收优惠饶让机制,因为他们在论文中将税收饶让制度描述为一种用于确保来源国税收优惠有效性的工具。在论文中,Azémar 和 Delios 使用的变量包

---

① See Azémar and Delios, Tax Competition and FDI: The Special Case of Developing Countries, Journal of the Japanese and International Economies, Vol. 22, 2008.

括:(1) 以税收饶让条款是否生效作为虚拟变量;(2) 含有税收饶让条款的协定生效实施年数和东道国的法定税率;(3) 含有税收饶让条款的协定生效实施后,东道国的贸易开放程度。Azémar 和 Delios 使用的控制变量包括东道国的 GDP 和人均 GDP、日元与东道国货币的汇率,以及日本与东道国之间的物理距离等。通过比较发展中东道国是否与日本签订了税收饶让条款,Azémar 和 Delios 发现,当投资到没有与日本缔结税收饶让条款的东道国时,日本投资者的实际有效税率较高。当投资到与日本缔结了税收饶让条款的东道国时,协定中的税收饶让条款发挥了作用——通过确保日本投资者能够享受东道国的税收优惠,降低了日本投资者的实际有效税率。由此 Azémar 和 Delios 得出结论,日本投资者在决定其投资选址时,应该会考虑到协定中税收饶让条款的影响。

第四章
关于税收饶让制度与国家税收主权之间关系的争论

一、税收饶让制度与国家税收主权独立原则之间的关系

(一) 税收饶让条款与国内税法之间的关系

关于税收饶让制度与国家主权之间关系的争论,其实质是关于税收饶让制度与国家税收主权独立原则之间的冲突与协调问题,即税收协定中的税收饶让条款与国内税法之间的冲突与协调问题。根据国家税收主权独立原则,税收管辖权是国家税收主权的体现,因此一国在行使其税收管辖权时不应受到任何国家或国际组织的干涉,在避免本国税收居民发生双重征税问题时仅有义务实施国内法规定的境外税收抵免法。税收饶让制度目前主要作为在税收协定中采用的一种协定机制,赋予了居民国在实施境外税收抵免法之外,再承担额外的饶让抵免义务,即在税收协定中赋予了居民国抵免在来源国并未实际缴纳的税

收。这就难免会引发争论:税收饶让制度与国家税收主权独立原则之间是否存在冲突？对于此问题,笔者所持有的观点是税收饶让制度并不违反国家税收主权独立原则,因为双边税收协定是缔约国双方在自愿、互惠基础上签订的,因此协定是缔约国双方利益平衡的结果,在税收协定中达成共识采用税收饶让条款,这也是缔约国双方行使各自国家税收主权的表现。此外,在实施税收协定中的税收饶让条款时,应当有国内税法支持,否则税收饶让条款可能会变成一纸空文,在居民国无法落地实施。

对于协定中的税收饶让条款与国内税法在适用时的优先顺序问题,《中华人民共和国企业所得税法》(以下简称《企业所得税法》)第58条作出了原则性的规定:"中华人民共和国政府同外国政府订立的有关税收的协定与本法有不同规定的,依照协定的规定办理。"因此,当税收协定中的税收饶让条款与中国国内税法规定内容不一致时,协定条款具有优先适用的效力。所以尽管中国在国内税法中并未明确规定税收饶让制度,但是根据上述《企业所得税法》第58条规定的协定优先原则,中国居民企业来源于那些与中国签订税收饶让条款的东道国的所得,如果在东道国获得了税收减免,则可以依据税收协定中规定的税收饶让条款,在中国申请饶让抵免。

(二) 适用税收饶让制度是否应以来源国征税为前提

固定比例抵免机制作为税收饶让制度的一种类型,其原理是居民国将按固定比例抵免纳税人的来源国税款,并不考虑纳税人在来源国的实际纳税情况。但是有些国家在处于居民国的地位时,往往在谈判中会要求在协定的税收饶让条款中附加一个实施条件,即来源国必须对该收入征税,纳税人才能在居民国进行税收饶让抵免。实践中也发生了税收协定的两个或多个语言版本在文本上不完全一致,于是有些国家的税务机关或居民国法院在解释和实施协定规定的税收饶让条款时,方法比较激进等。例如,在《法国和巴西税收协定》(1971)第22条第2款(c)和(d)项中,法国承诺对法国居民来源于巴西的利息收入实施固定比例抵免机制:

(c)对于第X、XI、XII、XIII、XIV、XVI和XVII条所述的收入,如果按照这些条款的规定承担了巴西的税款,法国应允许接受这种收入的居民在法国税收对这种收入规定的限度内,获得与已经支付的巴西税款相应的税收抵免。

(d)对于第X条、第XI条和第XII条第2(c)款所述的收入,巴西税款应被视为按最低20%的税率征收。

根据国际财税文献局(IBFD)的数据库,《法国和巴西税收协定》(1971)第22条第2款(c)项的葡萄牙语版本规定为"que tenham sido tributados no Brasil",翻译为中文是纳税人"在巴西已缴税";但是在《法国和巴西税收协定》(1971)的法语版本中,所规定的是"lorsqu'ils sont imposables au Brésil",翻译为中文是纳税人"在巴西应缴税"。[1] 由于《法国和巴西税收协定》(1971)规定,葡萄牙语版本和法语版本具有同等效力,法国税务机关在1972年解释该条款的实施方法时依据了协定的法语文本,即无论纳税人在巴西是否实际缴纳了所得税,法国都应按

---

[1] 参见IBFD数据库,http://online.ibfd.org/document-compare/index.jsp#file1=/data/treaty/docs/html/tt_br-fr_01_eng_1971_tt__td1.html&file2=/data/treaty/docs/html/tt_cn-fr_01_eng_1984_tt__td1.html。

照协定规定的固定比例予以抵免法国税收。但是在1997年12月15日,当法国税务当局公布第14 A-7-97号准则时,法国税务机关改变了其解释方法,规定对于法国居民在1998年1月1日及此后在巴西所取得的利息收入,若未在巴西实际缴纳所得税,则法国将不允许该居民抵免巴西税款。这意味着法国税务机关在第14 A-7-97号准则中,采用了《法国和巴西税收协定》(1971)的葡萄牙语版本来解释该条款,而不再依据法语版本中的条文进行解释。2006年7月26日,法国最高行政法院(Conseil d'Etat)作出裁决(第284930号案件),确认法国税务当局的第14 A-7 97号准则不构成对《法国和巴西税收协定》(1971)的非法解释,由此支持了法国税务机关的解释方法,为法国履行《法国和巴西税收协定》(1971)中的上述固定比例抵免机制条款设定了前提条件。

但是法国行政最高法院在2015年2月25日的裁决中,对于《中国和法国税收协定》(1984)的固定比例抵免机制实施问题(案件编号366680)给出了不同于2006年7月26日的裁决。法国最高行政法院裁定,法国居民可以就来源于中国的利息收入在法国进行固定比例抵免,无论该法国居民是否已就其利息收入在中国缴纳了所得税。[①] 根据法国最高行政法院的解释,2015年2月25日裁定之所以与2006年7月26日裁定不同,是因为《中国和法国税收协定》(1984)第22条第2款(b)和(c)项固定比例抵免机制条款中,并未要求法国税收居民必须已在中国纳税。《中国和法国税收协定》(1984)的中文版本和英文版本规定分别如下:

中文文本:"(二)第九条、第十条、第十一条、第十二条、第十

---

① 参见IBFD网站,http://online.ibfd.org/kbase/#topic=doc&url=/highlight/data/tns/docs/html/tns_2015-03-10_fr_3.html&q=Natixis&WT.z_nav=Search&colid=4913。

五条和第十六条所述的来自中国的所得,按照这些条款规定,可以就其全额在法国征税。法国居民就这些所得缴纳的中国税收,可以得到法国税收抵免。但是,抵免额不应超过对该项所得征收的法国税收数额。(三) 按照第(二)项关于第九条、第十条和第十一条的所得项目,所征中国税收的数额应视为:1. 中国合资经营企业支付股息总额的百分之十,其他股息的百分之二十;2. 利息总额的百分之十;3. 特许权使用费总额的百分之二十。"

英文文本:"(b) income referred to in Articles 9, 10, 11, 12, 15 and 16 derived from China shall be taxable in France, in accordance with the provisions of those Articles, on their gross amount. Residents of France will be entitled to a tax credit in France corresponding to the amount of Chinese tax levied on such income, but which shall not exceed the amount of French tax pertaining on such income; (c) for the purposes of sub-paragraph (b) and in the case of the items of income referred to in Articles 9, 10 and 11, the amount of Chinese tax levied shall be deemed to be equal to: (i) 10 per cent of the gross amount of the dividends paid by Chinese companies with mixed capital, 20 per cent of other dividends; (ii) 10 perr cent of the gross amount of the dividends; (iii) 20 per cent of the gross amount of the royalites."

因此,根据法国最高行政法院于 2015 年 2 月 25 日的裁决,法国居民收到来源于中国的利息收入时,法国应按固定比例 10% 进行税收抵免,无论中国是否已对该利息征税。

二、税收饶让制度与来源国征税权之间的关系

税收饶让制度并非孤立地存在于双边税收协定之中,该制度与来源国和居民国的税收制度都有密切的互动关系。在税收饶让制度之下,纳税人能够受益于税收减免待遇,一方面源于来源国提供税收优惠措施或限制了预提所得税税率,另一方面则源于居民国采用全球所得征税制度和境外税收抵免法。

(一) 与税收优惠之间的关系

尽管多年来学者们从各种角度对税收优惠问题开展研究,但至今仍未对"税收优惠"一词形成精准、统一的定义。Alex Eason 和 Eric M. Zolt 在描述税收优惠时,既从实质性角度将税收优惠归纳为各类排除、免除或减免措施,也列举了税收优惠的一些形式,例如特殊抵免、优惠税率或推迟纳税义务等。① 相比之下,Alexander Klemm 的定义方法则较为宽泛,他将税收优惠描述为所有为某些活动或部门提供比一般行业更有利的税收待遇措施。② Zee、Stotsky 和 Ley 则采取了另一种路径,从税收优惠的法定要件和实施效果两个层面进行定义,将税收优惠描

---

① See Easson and Zolt, Tax Incentives, World Bank Institute, http://siteresources.worldbank.org/INTTPA/Resources/EassonZoltPaper.pdf.
② See Klemm, Causes, Benefits, and Risks of Business Tax Incentives, IMF Working Paper, WP/09/21, January 2009.

述为一国提供给合格投资者的特殊税收规定,是在法律上对适用于一般投资相应规定所作出的有利的偏离,并且从实施效果而言,这些特别税收规定具有降低纳税人实际税收负担的效果。① 从 Zee、Stotsky 和 Ley 的描述中,可以体现出税收优惠措施的两个重要特征:一是税收优惠措施必须由国家立法机关制定,而且在内容上应偏离一般性规定;二是税收优惠措施必须具有减少纳税人实际税收负担的效果。

1. 税收优惠的形式和内容

由于来源国的政策目标不同,所采用的税收优惠措施也可能不同。② 例如,以促进技术转让为目的而提供的税收优惠措施,通常采用的形式是机器加速折旧、研发支出额外扣除、所得税减免、投资或再投资补贴、技能培训津贴、对于特许权使用费和股息减税等。③ 而为了提高就业率而提供的税收优惠措施,通常采用的形式则是职业培训费用补贴、根据雇员数量允许抵扣、税收减免等。④

纳税人从税收饶让制度中的受益程度,取决于来源国特定税收优惠的形式和内容,以及这些税收优惠与居民国作出的税收饶让承诺之间的互动。例如,来源国若要确保其减免征收的预提所得税能惠及纳税人,则在谈签税收协定时可以主张采用税收优惠饶让机制、固定比例抵免机制,或者二者兼有之;但是若来源国需确保其提供的外商投资企

---

① See Zee, Stotsky and Ley, Tax Incentives for Business Investment: A Primer for Policy Makers in Developing Countries, World Development, Vol. 30, No. 9, 2002.
② See Easson and Zolt, Tax Incentives, World Bank Institute, http://siteresources. worldbank. org/INTTPA/Resources/EassonZoltPaper. pdf.
③ 参见 IBFD 数据库, http://online. ibfd. org/kbase/#topic = doc&url =/collections/gtha/html/gtha_uk_s_001. html&q = tax% 20incentives% 20incentive% 20taxes&WT. z_nav = crosslinks&hash=gtha_uk_s_1. 7。
④ See UN, Tax Incentives and Foreign Direct Investment—A Global Survey, United Nations Conference on Trade and Development, Geneva; ASIT Advisory Studies No. 16, UNCTAD/ITE/IPC/Misc. 3, 2000.

业机器设备加速折旧优惠或企业所得税减免优惠,通常情况下来源国在谈签税收协定时就需要坚持主张采用税收优惠饶让机制。

从管理成本角度而言,居民国可能更倾向于接受那些针对降低所得税税率的税收优惠措施(例如降低企业所得税税率或预提所得税税率),而非针对缩减税基的税收优惠措施(例如机器设备加速折旧、费用支出加计扣除、税收抵免、投资补贴等),因为居民国在计算应抵免的来源国饶让税款时,在计算所得税税率饶让金额时,相较于计算税基饶让的复杂程度而言,居民国税收机关的管理负担可能相对较轻。[1]

2. 税收优惠针对外国投资者,还是针对外商投资企业

针对外国投资者的税收优惠措施一般采用减免外国投资者的股息、利息和特许权使用费等收入的所得税,对外国投资者的投资或再投资行为给予税收抵免等形式。而针对外商投资企业的税收优惠措施采用的形式一般为降低外商投资企业适用的所得税税率,提供一定期限的税收减免,允许固定资产加速折旧,允许费用加计扣除以及投资津贴和投资抵免等。尽管针对外商投资企业的税收优惠措施所产生的直接效果是减轻该企业的税收负担,但是间接地也能惠及外商投资企业的投资者,因为外商投资企业所减轻的税收负担将最终惠及其投资者。笔者认为,从来源国税收优惠措施的效果角度而言,那些直接对外国投资者提供的税收优惠措施,持续性会相对较弱,因为外国投资者从这些税收优惠措施中获益后,可能会转让企业股权,撤出投资。而对外商投资企业提供税收优惠可能持久性较强,因为当外商投资企业享受了来

---

[1] See Azémar, Desbordes and Mucchielli, Do Tax Sparing Agreements Contribute to the Attraction of FDI in Developing Countries?, Int. Tax & Public Finan., Vol.14, 2007.

源国的税收优惠措施后,可能会决定继续留在该来源国运营。

　　从税收饶让制度的角度而言,这两类税收优惠措施与税收饶让制度的互动内容存在差异。针对外国投资者的税收优惠措施既能与固定比例抵免机制互动,也能与税收优惠饶让机制互动,因为如果降低的预提所得税税率低于固定比例抵免机制下的固定抵免比例,那么外国投资者被饶让的税款将是这两个比例之间的差额。若外国投资者在来源国由于享受税收优惠而被降低了预提所得税税率,适用税收优惠饶让机制时居民国也有义务视同外国投资者已按来源国法定税率缴纳了税收。例如,《中国和南斯拉夫税收协定》(1988)中的税收饶让条款规定:"本条第一款所述在缔约国另一方缴纳的税收数额,应视为包括在缔约国另一方应该缴纳,由于该缔约国另一方税收上的鼓励措施,而获得减税、免税或退税的税收数额。"[①]

　　相较而言,来源国对外商投资企业提供的税收优惠措施,通常情况下仅与税收优惠饶让机制之间有密切互动关系。当居民国承诺采用境外税收抵免法来避免双重征税时,居民国的抵免范围可以扩大到涵盖外商投资企业缴纳的企业所得税,由此来源国对外商投资企业的税收优惠措施也可以间接地惠及外国投资者。代表性例子是《中国和马来西亚税收协定》(1985)中的税收优惠饶让条款[②]:

> 三、根据在马来西亚以外的任何国家缴纳的税收在马来西亚税收中抵免的马来西亚有关法律,马来西亚居民根据中国法律及本协定,就其在中国取得的所得缴纳的中国税收,将允许马来西亚税收中抵免。如果这一所得是中国居民公司支付给予马来西亚居

[①] 参见《中国和南斯拉夫税收协定》(1988)第23条第3款。
[②] 参见《中国和马来西亚税收协定》(1985)第23条第3款和第4款。

民公司的股息,同时该马来西亚居民公司拥有支付股息公司的投票股份不少于百分之十,该项抵免将考虑该公司用于支付股息的所得缴纳的中国税收,然而抵免额将不超过给予抵免以前计算的对该项所得相应征收的那部分马来西亚税收。

四、第三款提及的抵免中,"缴纳的中国税收"一语应视为包括假如没有按以下规定给予免税、减税或退税而可能缴纳的中国税收数额:

(一)中国中外合资经营企业所得税法第五条、第六条和中外合资经营企业所得税法施行细则第三条的规定;

(二)中国外国企业所得税法第四条和第五条的规定;

(三)本协定签订之日或以后,经缔约国双方主管当局同意的中国为促进经济发展,在中国法律中采取的任何类似的特别鼓励措施。

根据《中国和马来西亚税收协定》(1985)中的上述税收饶让条款,马来西亚承诺抵免马来西亚居民在华外商投资企业所缴纳的相关企业所得税收,其中外商投资企业在华所享受的企业所得税收优惠,例如降低企业所得税税率、资产加速折旧、费用加计扣除、再投资抵免等,都可以适用《中国和马来西亚税收协定》(1985)中的饶让抵免机制,抵免马来西亚投资者在马来西亚应缴纳的所得税收。至于如何计算在华外商投资企业的税收优惠金额,以及如何计算在马来西亚的饶让抵免额度,《中国和马来西亚税收协定》(1985)并未规定,因此这些实施细则问题将依据居民国(马来西亚)国内税法来解决。

3. 税收优惠的有效期

一些国家在提供税收优惠时会限定优惠的有效期,例如仅在某段时期内提供税收减免,或者所提供的降低税率优惠仅适用于某个时间段等。来源国税收优惠措施的有效期规定也会影响缔约国双方针对税收饶让条款的协定谈判,因为缔约国双方往往会根据来源国的税收优惠措施有效期限,为协定中的税收饶让条款约定一个相应的日落期限。实际上,即便缔约国双方在协定中未对税收饶让条款附加任何有效期,当来源国的税收优惠措施到期后,或者来源国废除或修改其税收优惠措施时,协定中的税收饶让条款也将会无法再继续实施了。例如,在《中国和日本税收协定》(1983)中,日本单方面作出以下饶让承诺,将抵免中国国内法规定的一些特定的税收优惠措施:[①]

> 四、在第二款所述的抵免中,"缴纳的中国税收"一语应视为包括假如没有按以下规定给予免税、减税或者退税而可能缴纳的中国税收数额:
>
> (一)《中华人民共和国中外合资经营企业所得税法》第五条、第六条和《中华人民共和国中外合资经营企业所得税法施行细则》第三条的规定;
>
> (二)《中华人民共和国外国企业所得税法》第四条和第五条的规定;
>
> (三)本协定签订之日后,中华人民共和国为促进经济发展,在中华人民共和国法律中采取的任何类似的特别鼓励措施,经缔约国双方政府同意的。

---

① 参见《中国和日本税收协定》(1983)第23条第4款。

虽然《中国和日本税收协定》(1983)中的上述税收饶让条款并未规定任何日落期限,但是当中国在1991年废除了《中外合资经营企业所得税法》和《外国企业所得税法》时,上述税收饶让条款实际上就无法再继续实施了,因此虽然《中国和日本税收协定》(1983)继续有效且该税收饶让条款仍然存在,但是在实践中该税收饶让条款已经不具有可执行性了。

(二) 与预提所得税之间的关系

来源国通常会对非居民来自来源国的股息、利息、特许权使用费等收入征收所得税,除非这些收入归属于非居民在来源国的常设机构。这种所得税一般被称为预提所得税,因为这些收入的支付者往往根据来源国税法被要求从应付款中预扣税款后向来源国税务机关代扣代缴。[1] 在计算预提所得税时,税基通常是股息、利息或特许权使用费的全额收入,而不扣除任何相关费用,但是所得税税率一般会低于来源国的企业所得税税率,虽然也有些国家(如瑞典等)规定了高达30%的预提所得税税率。[2]

在双边税收协定中,缔约国双方一般会限制来源国征收预提所得税时可征收的最高税率,即当来源国国内法中规定的预提所得税税率高于税收协定规定的最高税率时,来源国所征收税率应不高于协定税率。例如,奥地利国内法中对非居民来源于奥地利的股息收入规定了

---

[1] See the IBFD Glossary, http://online.ibfd.org/kbase/#topic=doc&url=/highlight/collections/itg/html/itg_withholding_tax.html&q=withholding+tax+taxes+withholdings&WT.z_nav=Navigation&colid=4949.

[2] See IBFD 数据库, http://online.ibfd.org/kbase/#topic=doc&url=/collections/wht/html/wht_se.html&WT.z_nav=Pagination&colid=5742。

税率为25%的预提所得税①,但是《中国和奥地利税收协定》(1991)第10条第2款规定,来源国对于股息可征收的最高预提所得税税率为7%或10%。受到协定中该税权分配条款限制,奥地利在征收中国居民来源于奥地利的股息收入时,可征收税率不得超过7%或10%。具体规定如下:

二、然而,这些股息也可以在支付股息的公司是其居民的缔约国,按照该缔约国法律征税。但是,如果收款人是股息受益所有人,则所征税款:

(一)如果该受益所有人是直接拥有支付股息公司至少百分之二十五选举权股份的公司,不应超过股息总额的百分之七;

(二)在其他情况下,不应超过股息总额的百分之十。

本款规定,不应影响对该公司支付股息前的利润所征收的公司利润税。

如果来源国的法定预提所得税税率低于协定规定的最高税率,并且税收协定不会授权来源国按照协定税率征税,即来源国可征收税率应是法定预提所得税税率和协定最高税率中的较低者。例如,匈牙利曾在国内法中对非居民的股息收入免征所得税②,与此同时,《中国和匈牙利税收协定》(1992)规定,来源国对于非居民股息收入可征收的预提所得税最高税率为10%:"然而,这些利息也可以在该利息发生的

---

① 参见 IBFD 数据库,http://online.ibfd.org/kbase/#topic=wht-compare&version=2&incStr=2&mSrcKeys=at_be_bg_hr_cy_cz_dk_ee_fi_fr_de_gr_hu_ie_it_lv_lt_lu_mt_nl_pl_pt_ro_sk_si_es_se_uk&mResKeys=cn&format=ghtml。

② 参见 IBFD 数据库,http://online.ibfd.org/kbase/#topic=wht-compare&version=2&incStr=2&mSrcKeys=at_be_bg_hr_cy_cz_dk_ee_fi_fr_de_gr_hu_ie_it_lv_lt_lu_mt_nl_pl_pt_ro_sk_si_es_se_uk&mResKeys=cn&format=ghtml。

缔约国,按照该缔约国的法律征税。但是,如果收款人是利息受益所有人,则所征税款不应超过利息总额的 10%。"[1]但是,匈牙利不能依据《中国和匈牙利税收协定》(1992)对中国居民的股息收入征收 10%所得税,因为税收协定的功能是用于限制来源国征税权,而非赋予来源国征税权。

三、税收饶让制度与居民国征税权之间的关系

(一)与居民国征税范围之间的关系

税收饶让制度与居民国的税收制度密切相关,因为实施税收饶让制度的前提是需要由居民国先在税收协定中作出饶让承诺。由于税收协定通常不规定详细的实施规则,居民国如何实施税收饶让承诺,仍需依据居民国国内法规定。当一国采用对居民全球所得征税制度时,该国税收居民无论在哪里获得收入,都应在居民国承担税负,旨在体现税收公平原则。[2] 虽然一国选择对居民全球收入征税还是仅对来源于境内收入征税,是国家基于税收主权独立原则而行使的国家权力,但是选择不同的税收制度,不仅会影响居民的全球税收负担,也会影响该国对于税收饶让制度的政策选择和谈判策略。

---

[1] 参见《中国和匈牙利双边税收协定》(1992)第 10 条第 2 款。
[2] See Barker, An International Tax System for Emerging Economies, Tax Sparing, and Development: It Is All about Source!, University of Pennsylvania Journal of International Law, Vol. 29, 2008.

1. 对全球税收收入征税

当一国采用对居民全球所得征税制度时，就意味着该国对居民来源于全世界的收入都有征税权。目前全球大多数国家都采用了这种征税制度，典型代表是美国和中国。对于是否构成一国的税收居民，一般由该国国内法规定，通常会采用该国与纳税人之间存在关联关系作为判定标准，例如纳税人是否在该国拥有住所、居所或公民身份等。当两个国家都采用了对居民全球所得征税制度时，就会因为管辖权交叉或双重居民身份问题导致出现双重征税现象。为了消除双重征税现象，各国一般会在国内税法中规定采用境外税收抵免法或境外收入免税法，允许其居民抵免在境外缴纳的来源国税收或者免于对该居民境外收入征税。当居民国采用的是境外税收抵免法时，通常不允许抵免未在来源国实际缴纳的税收，除非缔约国双方在税收协定中规定了税收饶让制度。因此，当缔约国一方作为居民国所采用的是对居民全球所得征税制度和境外税收抵免法时，缔约国另一方就有必要考虑在税收协定谈判中主张采用税收饶让制度。

2. 仅对来源于境内收入征税

当一国采用仅对来源于境内收入征税制度时，该国将仅对与其管辖范围内有密切联系的收入征税。[①] Vogel 将该制度描述为一种严格按照属地原则征收所得税的制度，即其仅对来源于国内的收入征税而

[①] See UN, Committee of Experts on International Cooperation in Tax Matters, 7th Session, Note on the Revision of the Manual for Negotiation of Bilateral Tax Treaties, Geneva, 24-28 October 2011 E/C. 18/2011/CRP. 11.

不对来源于国外的收入征税。① 如果缔约国双方都采用对来源于境内收入征税制度，通常情况下不会出现双重征税问题，因为两国都仅对来自其辖区的收入征税，所以在谈判双边税收协定时，缔约国双方往往没有必要采用税收饶让条款。但是当缔约国双方就某笔收入是否来源于该国产生争议时，也会发生双重征税现象。例如缔约国双方国内法中所规定的来源地规则都比较宽泛，因此对于同一笔收入双方都认为是来源于该国时，就会发生双重征税问题。② 此时应先通过适用税收协定和缔约国国内法来判定到底哪个国家是收入的来源国，再判定根据税收协定应如何在缔约国双方之间分配征税权。但是若这类来源国规则冲突不能恰当解决，缔约国双方可能都会作为来源国征税，此时税收饶让制度将有一定的存在必要性。

（二）与避免双重征税方法之间的关系

为了消除法律上双重征税，各国一般会选择采用境外税收抵免法、境外收入免税法或者境外税收扣除法，并且这种选择可能是通过在国内法中制定单边措施的方式或在税收协定中承诺采用避免双重征税措施的方式，或者两者兼有。

采用境外税收扣除法的国家不多，因为扣除法不能完全解决纳税人的国际重复征税问题，该方法仅允许从居民国的应纳税所得额中扣除所支付的外国税收，即外国税收实际上被视为纳税人的当期费用支出。因此，Brian Arnold 和 Michael McIntyre 认为境外税收扣除法是避

---

① See Vogel, Worldwide vs. Source Taxation of Income: A Review and Reevaluation of Arguments in Influence of Tax Differentials on International Competitiveness, Kluwer, 1989.
② Ibid.

免双重征税时最不慷慨的方法。① 第二次世界大战后,随着跨境交易增加,避免纳税人跨境交易时双重征税问题的需求也大幅度增加,因此全球大多数国家都采用了境外收入免税法或境外税收抵免法,《OECD范本》和《联合国范本》中所采用的也是境外收入免税法和境外税收抵免法。② 鉴于此,本书将只讨论境外收入免税法和境外税收抵免法与税收饶让制度之间的互动关系。

1. 境外收入免税法

境外收入免税法指的是一个国家在其国内法中规定或在税收协定中承诺,在计算居民国的应纳税额时,免于将某些外国收入纳入应纳税所得额的一种避免双重征税方法。③ 税收协定中所规定的境外收入免税法只限于免除居民来自缔约国另一方的收入,国内法律所规定的境外收入免税法则通常免除居民的所有境外收入。境外收入免税法的实施效果是来源国将拥有对该收入的专属征税权,因此纳税人的税收负担将取决于来源国税收规定,当来源国对该收入也不予征税时,可能会出现居民国和来源国对纳税人的该笔收入双重不征税现象。

境外收入免税法一般有三种类型:完全境外收入免税法、部分境外收入免税法以及参股免税法,各国基于国家税收主权独立原则自由选择。境外收入免税法旨在免除居民的所有境外收入。部分境外收入免税法仅免除居民某些类型的境外收入,并且通常不适用于股息、利息和特许权使用费等境外收入,而是要求对这些被动型收入适用境外税收抵免法。参股免税法(participation exemption)规定若母公司持有子公

---

① See Arnold and McIntyre, International Tax Primer, Kluwer, 2002.
② 参见《OECD 范本》和《联合国范本》第 23 条 A 款和第 23 条 B 款。
③ See Holland and Vann, Income Tax Incentives for Investment, in V. Thuronyi (ed.), Tax Law Design and Drafting, International Monetary Fund, Vol.2, 1998.

司的股份或管理权达到一定的门槛要求,则子公司支付给母公司的股息收入可在母公司居民国适用境外收入免税法。目前荷兰、卢森堡、马耳他等国采用参股免税法。

《OECD 范本》和《联合国范本》在第 23 条 A 款都规定了境外收入免税法的示范条款:

第 23 条 A 款 境外收入免税法

一、缔约国一方居民所取得的所得或拥有的财产,按照本协定的规定可以在缔约国另一方征税时,缔约国一方应对该项所得或财产给予免税,并遵守第二款和第三款的规定。

二、缔约国一方居民取得的各项所得,按照第十条和第十一条的规定可以在缔约国另一方征税时,首先提及的国家应允许从该居民的所得纳税额中扣除相当于在缔约国另一方所缴纳税款的金额。但该项扣除应不超过扣除前对来自缔约国另一方的该项所得计算的税额。

三、缔约国一方居民取得的所得或拥有的财产,按照本协定的任何规定在该国免税时,该国在计算该居民其余所得或财产的税额时,仍可对免税的所得或财产予以考虑。

上述示范条款第一段规定,当来源国对某笔收入保有征税权时,居民国采用的境外收入免税法将要求居民国在计算其税收时从税基中排除纳税人的来源国收入。上述示范条款在第二段中规定的是针对来源国股息、利息和特许权使用费收入的例外规则,即对于这些被动型收入,居民国将适用境外税收抵免法,抵免纳税人在来源国所支付的预提所得税税款。此时,针对这些适用境外税收抵免法的被动型收入,缔约国双方有必要考虑是否在双边税收协定中采用税收饶让制度。上述示范条款第三段所规定的是对于境外收入免税法中的累进条款,指的是居民国在计算居民国税收时,虽然免于对纳税人的来源国税收征税,但仍有权将免税的来源国收入纳入该纳税人的税基,旨在确保对纳税人应税收入适用居民国累进税率时的准确性。①

在 2000 年《OECD 范本》中,OECD 增加了一个转换条款,作为上述第 23 条 A 款的第 4 段,规定如下:"缔约国一方居民取得的所得或拥有的财产,如果缔约国另一方已根据本协定的规定对该所得或财产给予免税,或者已将第十条第二款或第十一条第二款的规定适用于该所得,则不适用第一款的规定。"该款规定意味着,当居民国对于来源国的股息或利息收入适用境外收入免税法时,若来源国不对该笔收入征税,则居民国有权从适用境外收入免税法转为适用境外税收抵免法,旨在避免该笔收入发生双重不征税情况。由此,对于适用该条款发生从境外收入免税转换为境外税收抵免的收入,缔约国双方也有必要考虑在税收协定中采用税收饶让制度。

2. 境外税收抵免法

境外税收抵免法也是避免双重征税的一种方法。一国可以在其国内法中规定或在税收协定中承诺,抵免其居民在来源国为相关收入所支付的来源国税收。在采用境外税收抵免法时,居民国所拥有的是剩余征税权,即居民国可征税额将取决于纳税人在来源国的已缴纳税额。因此当居民国的税负较高时,纳税人需向居民国支付与来源国税款的差额;当来源国的税负较高时,纳税人将受到居民国可抵免限额的限制,通常对于来源国超额税款部分,居民国不允许当期抵免,因为居民

---

① See Holland and Vann, Income Tax Incentives for Investment, in V. Thuronyi (ed.), Tax Law Design and Drafting, International Monetary Fund, Vol. 2, 1998.

国一般规定可抵免的来源国税款应不超过居民国对该收入应征收税款。因此,在计算可抵免来源国税收时,居民国通常根据其法律规定(而不是根据来源国税法)计算其居民的应纳税额和可抵免金额。一些国家在采用境外税收抵免法时,将可抵免税额限定为来源于某个特定国家的收入所缴纳税收,即"分国不分项";也有一些国家按照特定类型的收入来限定可抵免税额,即"分项不分国"。居民国国内法中对于境外税收抵免法的具体规定,会影响到协定缔约国实施避免双重征税方法的实际效果。

当来源国通过提供税收优惠措施来吸引外商投资时,通常不希望居民国采用境外税收抵免法,因为居民国的境外税收抵免法可能会消减来源国税收优惠的效果。当来源国免除了外国投资者的某些税收时,若居民国适用境外税收抵免法,将仅允许其外国投资者居民抵免在来源国实际缴纳税额,因此外国投资者居民无法抵免那些在来源国被减免的税收,从而会导致来源国所减免的税收将被纳入外国投资者居民国的国库。为了避免居民国境外税收抵免法产生对来源国税收优惠措施的抵消效果,来源国一方在谈签税收协定时就有必要主张采用税收饶让制度。

(1) 境外税收直接抵免法

采用境外税收直接抵免法的国家允许居民用来源国所征收税款直接抵免其居民国税收。境外税收直接抵免法旨在消除两个国家对同一纳税人的同一收入的法律上双重征税,这种方法与税收优惠饶让机制和固定比例抵免机制都有密切的互动关系。以下是《OECD 范本》和《联合国范本》第 23 条 B 款所规定的境外税收直接抵免法示范条款:

第 23 条 B 款　境外税收抵免法

一、缔约国一方居民所取得的所得或拥有的财产,按照本协定的规定可以在缔约国另一方征税时,首先提及的国家应允许:

(一)从该居民的所得征税额中扣除相当于在缔约国另一方缴纳的所得税的金额;

(二)从该居民的财产所征税额中扣除相当于在缔约国另一方缴纳的财产税的金额。但该项扣除,在任何情况下,应不超过扣除前对视具体情况可以在缔约国另一方征税的那部分所得或财产在扣除前计算的所得税额或财产税额。

二、按照本协定的任何规定,缔约国一方居民取得的所得或拥有的财产,按照本协定的任何规定在该国免税时,该国在计算该居民其余所得或财产的税额时,仍可对免税的所得或财产予以考虑。

根据上述示范条款第一段,居民国有权要求居民将来源于国外的收入纳入居民国税基,但同时也有义务允许居民将在来源国缴纳的税款从居民国应缴税款中扣除。此外,居民国可设定应抵免来源国税款的上限金额,即为该收入在居民国应缴纳税额。示范条款的第二段是一个但书条款,旨在确保居民国虽承诺抵免来源国税款,但仍有权将纳税人的来源国收入纳入其税基,用于计算在居民国的应税税额。

(2) 境外税收间接抵免法

一些国家允许其居民在收到境外子公司分配的股息红利时,对于境外子公司已在来源国支付的企业所得税,也作为其居民可抵免的来源国税收,用于抵免在居民国的所得税。这种允许对境外子公司作为纳税人所支付企业所得税而进行的抵免,被称为境外税收间接抵免法,其作用是避免两国对两个纳税人(即居民外国投资者和境外子公司)的收入征收经济上双重税。采用该抵免法的理论依据是:居民外国投资者和境外子公司虽然在法律上是两个独立实体,但实际上却是一个经济实体。①

尽管《联合国范本》和《OECD 范本》未规定间接抵免的示范条款,但一些缔约国在国内法中或在税收协定中规定了境外税收间接抵免法条款。例如《中国和新加坡税收协定》(2007)中规定了以下境外税收间接抵免法条款②:

> 在新加坡,消除双重征税如下:
>
> 新加坡居民从中国取得的按本协定规定可以在中国征税的所得,根据新加坡关于在其他国家所交税款允许抵免新加坡税收的法律规定,新加坡将允许对该项所得无论是以直接或扣缴方式交纳的中国税收,在该居民新加坡所得的应交税款中予以抵免。当该项所得是中国居民公司支付给新加坡居民公司的股息,同时该新加坡居民企业直接或间接拥有首先提及公司股本不少于百分之十的,该项抵免应考虑支付该股息公司就据以支付股息部分的利润所缴纳的中国税收。

根据上述条款规定,新加坡除了对其居民缴纳的中国所得税予以直接抵免之外,对于由新加坡居民直接或间接拥有不少于10%股份的中国子公司所缴纳的企业所得税,也承诺可抵免新加坡居民的所得税,此乃典型的境外税收间接抵免法条款。该境外税收间接抵免法条款与

---

① See Arnold, Future Directions in International Tax Reform, Austl. Tax F., Vol. 5, 1988.
② 参见《中国和新加坡税收协定》(2007)第 22 条第 2 款。

税收优惠饶让机制密切相关,因为当来源国的税收优惠机制是针对外商投资企业而非外国投资者时,要确保外国投资者能够从其在华外商投资企业的税收减免中获益,就需要在协定中既采用境外税收间接抵免法条款,也要将税收优惠饶让机制设计为涵盖在华外商投资企业所享受的税收优惠。例如,在《中国和新加坡税收协定》(2007)第22条第3款中,新加坡单方面承诺:"在本条第二款规定的抵免中,缴纳的中国税收应视为包括假如没有按中华人民共和国企业所得税法及其实施条例规定给予免除、减少或退还而可能缴纳的中国税收数额。"这意味着新加坡居民投资者在抵免其在中国缴纳的所得税的同时,也可以根据《中国和新加坡税收协定》(2007)第22条第2款和第3款,抵免其在华外商投资企业所享受的企业所得税优惠。

(三) 与受控外国企业制度之间的关系

税收饶让制度与受控外国企业(Controlled Foreign Corporation,简称CFC)制度密切相关。由于一些国家法律规定,居民对于境外收入的纳税义务在其汇回境外收入时发生,于是一些居民筹划通过推迟境外收入汇回,甚至永久地将收入滞留境外的方式,来推迟其居民国税收义务发生时间。Musgrave认为这种利用境外税收抵免法的纳税时点来推迟在居民国的纳税义务,显然已经超出了理性行为的范围,而且既不符合国家利益,也不符合世界利益。[①] 所以近年来越来越多国家在国内法中引入了受控外国企业制度,旨在打击这种延迟缴纳国内税收的避税行为。

---

① See Musgrave, United Sates Taxation of Foreign Investment Income: Issues Arguments, Cambridge, Harvard Law School, 1969.

受控外国企业制度一般会规定,居民股东将视同已经收到受控外国企业分配的股息红利,因此在居民国当期即产生纳税义务,不需要等待其在受控外国企业利润被汇回给居民国。① 该制度实际上是赋予了居民投资者一项额外的税收义务,即视同受控外国企业已经向居民投资者分配了股息,于是将受控外国企业实际上并未分配股息纳入居民投资者的应税收入之中,用于计算居民投资者在居民国的应纳所得税额。②

受控外国企业制度在以下两个方面与税收饶让制度密切相关。一方面,如果受控外国企业制度能适用于居民的所有境外收入,即不区分受控外国企业是否位于避税天堂时,则居民通常无法合法地通过延迟境外收入汇回的方式来推迟其在居民国的纳税义务。在这种情况下,缔约国双方就有必要考虑在税收协定中采用税收饶让制度,旨在确保来源国提供的税收优惠可在居民国抵免。另一方面,受控外国企业制度要求将受控外国企业的未分配利润纳入投资者的居民国应税收入之中,这就会产生一个问题:当来源国提供税收优惠措施时,如何在居民国抵免投资者尚未支付的来源国税收?从来源国的角度而言,外国投资者尚未产生收入,因此未在来源国发生纳税义务。对于该问题,一些国家在国内法中作出规定,例如澳大利亚税法规定,在适用受控外国企业制度时,允许同时适用税收饶让制度。③

---

① See Lang, Aigner, Scheuerle, M. Stefaner (eds.), CFC Legislation: Domestic Provisions, Tax Treaties and EC Law, Linde, 2004.
② 各国的受控外国企业制度在许多要素上存在差异,例如对受控外国企业及其居民股东的定义、受控测试标准、所有权控制、合同控制等,对于该制度与税收饶让制度之间的互动关系也有一定的影响。See Arnold and McIntyre, International Tax Primer, Kluwer, October 2002.
③ 参见《澳大利亚所得税条例》第 152H 条和第 152D(1)(b)条。

综上所述,税收饶让制度与来源国的税收制度具有密切的互动关系,来源国提供税收优惠措施,是居民国实施税收优惠饶让机制的一个必要前提,而且也影响固定比例抵免机制下的可被饶让税收减免金额。相较而言,固定比例抵免机制与来源国税收优惠之间的互动关系不甚明显,主要反映在居民国实施固定抵免比例和来源国征收预提所得税之间的差额,应作为固定比例抵免机制下的可被饶让税收金额。

第五章
国别研究与国际组织研究

一、发达国家

英国和美国都是 OECD 成员国,且都将税收饶让制度视为对外援助工具,但是它们对税收饶让制度的态度和策略存在差异。英国不仅曾讨论过是否能将税收饶让制度纳入国内法,而且在其双边税收协定中也采用了税收饶让条款。美国国会则至今尚未批准过含有税收饶让条款的双边税收协定。日本也是 OECD 成员国,但是其对于税收饶让制度的态度与英美不同,多年来保持了积极、灵活的态度,在与多个投资东道国缔结的双边税收协定中都作出了税收饶让承诺。这三个 OECD 成员国对税收饶让制度的不同态度,与其本身的税收制度、经济制度、政治体制等因素密切相关,在实践中也对全球经济活动产生了不同影响。

(一) 英 国

英国从 1920 年开始在国内法中正式采用了境外税收抵免法,作为避免双重征税的单边措施,允许英国居民抵免其在英国殖民地所纳税款,最高可抵免金额为其在英国应纳税额的50%。① 显然在适用该境外税收抵免法时,英国居民无法抵免其在英国殖民地因享受税收优惠措施等而被减免的税款。② 因此,英国财政大臣于1953年向英国皇家税收委员会提交了提案,建议对英国居民来源于英国殖民地的收入提供特殊税收抵免措施,即允许其抵免因殖民地税收优惠措施而被减免的殖民地税收。这是英国政府首次提出将税收饶让制度纳入英国国内法,旨在通过实施该税收饶让制度来确保殖民地税收优惠措施能惠及英国居民,以此促进英国殖民地的经济发展。③

英国议会在1953年和1956年分别讨论了该税收饶让制度提案。1953年的讨论主要集中于该税收饶让制度应该只适用于英国居民在英国殖民地所享受的税收优惠措施,还是应该适用于英国居民在全世界需要发展辖区所享受的税收减免。1956年的讨论则主要集中于三个问题:一是税收饶让制度能否有效地促进英国殖民地的经济发展?二是若实施税收饶让制度,是否会造成英国政府税收流失?三是若其他高税负辖区采用税收饶让制度而英国不采用该制度,是否英国投资者在海外市场会面临竞争劣势风险?④ 这些讨论主题表明,英国当时对于是否采用税收饶让制度问题处于两难境地:一方面,采用税收饶让制度会导致英国政府税收收入流失;另一方面,如果不采用税收饶让制度,英国居民可能会在海外市场面临竞争劣势风险。然而英国议会并未能就上述问题取得共识,最终于1957年否决了该税收饶让制度

---

① See Jones, Avoiding Double Taxation: Credit versus Exemption—The Origins, IBFD Bulletin for International Taxation, Vol. 66, No. 2, 2012.
② See Brooks, Tax Sparing: A Needed Incentive for Foreign Investment in Low-Income Countries or an Unnecessary Revenue Sacrifice?, Queen's Law Journal, Vol. 34, No. 2, 2009.
③ Ibid.
④ Ibid.

提案。

但是英国政府于 1961 年在《英国和巴基斯坦税收协定》(1961) 中采用了税收饶让条款,其中英国单方面承诺了税收优惠饶让机制,适用范围为巴基斯坦法律所规定的一些特定税收优惠措施。条文如下:

> 就本条第 1 款而言,"应缴巴基斯坦税款"一词应被视为包括若非根据 (i) 以下任何条款或法定规则所给予的免税或减税,则该年度应缴的任何金额,即 (aa)《巴基斯坦所得税法》第 15BB 条;(bb) 该法第 4 条第 (3) 款第 (xiii) 和 (xiv) 项;以及 (cc) 1960 年 7 月 1 日根据该法第 60(1) 条发布的 S. R. O. 17(R) 号通知。只要这些规定在签订本协议之日有效,且自签订之日起未被修改,或仅在微小方面被修改但不影响其总体特性。①

Brooks 认为从《英国和巴基斯坦税收协定》(1961) 缔结之日起,英国一直是与发展中国家签订双边税收协定时,作出税收饶让承诺最积极的发达国家之一。② 但是近年来,英国对于税收饶让制度的态度和

---

① 参见《英国和巴基斯坦税收协定》(1961) 第 14 条。当前有效的《英国和巴基斯坦税收协定》(1986) 第 23 条中也规定了税收饶让制度,但与《英国和巴基斯坦税收协定》(1961) 第 14 条所规定的税收饶让条款不同。《英国和巴基斯坦税收协定》(1986) 第 23 条如下:"就本条第 1 款而言,'应缴巴基斯坦税款'一词应被视为包括若非根据巴基斯坦法律的下列任何规定对该年度或其任何部分给予免税或减税,则该年度应缴的任何金额:(a) 1979 年所得税条例 (1979 年第 XXXI 号) 第 48 条 (经修订),该条例第一部分第 7、8、75、76、80(c) 和 (cc)、81、95B、96、98、99、100、101、102、119、120、121、121A、121B、122、122A、123、124、125 和 125A 条以及第二附表第 1 条。该规定在本公约签署之日生效,并且自签署之日以来没有被修改过,或者只在细微之处被修改过而不影响其一般性质。或 (b) 随后可能制定的给予免税或减税的任何其他规定,而该规定经缔约国主管当局同意具有基本类似的性质,如果该规定此后未被修改或仅在微小方面被修改而不影响其一般性质。但如果任何来源的收入是在巴基斯坦首次免除或减少税收后的十年后所产生的,则不得根据本款对该来源的收入给予联合王国税收减免。"

② See Brooks, Tax Sparing: A Needed Incentive for Foreign Investment in Low-Income Countries or an Unnecessary Revenue Sacrifice?, Queen's Law Journal, Vol. 34, No. 2, 2009.

策略正朝谨慎和严格方向转变。根据《英国所得税和公司税法》(1988)的规定,英国政府只能与那些提供税收优惠立法的旨在"为了促进工业、商业、科学、教育或其他发展"[1]的缔约国签订含有税收饶让条款的协定。在税收协定谈判的实践中,对于一些国家针对其成熟产业提供的税收优惠或旨在促进出口而提供的税收优惠,英国不再同意给予税收饶让。[2] 2009 年,英国对其避免双重征税方法进行了重大改革,对于英国居民获得的境外股息红利收入不再适用境外税收抵免法,而是开始适用境外收入免除法。[3] 由此英国居民投资者不再担心无法受益于来源国的税收优惠,税收饶让制度对于从境外收取股息红利收入的英国居民投资者也失去了必要性。

英国居民所获得的其他境外收入仍应适用境外税收抵免法,但是英国对这些收入适用税收饶让制度制定了严格的程序规则,包括必须在英国税收协定中含有明确的税收饶让条款,必须提供来源国税收减免的法律条文依据,用于确定可饶让抵免的来源国税收适格性。[4] 英国国内法中的上述变化影响了英国在谈判和缔结税收协定时的策略。当英国处于居民国地位时,缔约国另一方(即处于来源国地位的缔约国)会失去提出采用税收饶让条款的动力,因为即便在双边税收协定中采用了税收饶让条款,但是根据英国如此严格的国内法,英国居民在适用该税收饶让条款时也难免会面临重重困难。

---

[1] 参见《英国所得税和公司税法》第 788(5)条。
[2] See Brooks, Tax Sparing: A Needed Incentive for Foreign Investment in Low-Income Countries or an Unnecessary Revenue Sacrifice?, Queen's Law Journal, Vol. 34, No. 2, 2009.
[3] See Dittmer, A Global Perspective on Territorial Taxation, Tax Foundation Special Report No. 202, 10 August 2012. Online version: http://taxfoundation.org/article/global-perspective-territorial-taxation.
[4] 参见《英国 2010 年国际税收和其他条款法》第 4(2)(a)条和第 20 条。

（二）美　　国

美国虽然从 20 世纪 50 年代开始尝试在税收协定中采用税收饶让条款，但至今美国国会仍未批准缔结任何含有税收饶让条款的协定，而且在实践中也对税收饶让制度持有抵制态度。美国自 1921 年开始采用境外税收抵免法，即允许美国居民抵免其在来源国实际缴纳的税款，①因此美国居民在来源国因税收优惠等原因被减免的税款，通常不能用于抵免其在美国应纳税额。

20 世纪 50 年代初，美国财政部在与巴基斯坦、印度、以色列以及阿拉伯联合共和国谈判双边税收协定时，在草签协定版本中采用了税收饶让条款。例如，《美国和巴基斯坦税收协定》（1957）的草签版本中规定以下税收饶让条款，其中美国单边承诺对于《巴基斯坦所得税法》第 15B 条所规定的税收优惠措施，给予美国税收居民税收饶让抵免：

> 为本抵免的目的，美国国内公司应被视为已经支付了根据本协定签订之日有效的 1922 年所得税法（1922 年第十一号）第 15B 条规定而被减免的巴基斯坦税款（营业利润税除外）。通过法律形式对为获得第 15B 条规定的减免而设立或开始的工业企业的期限所作延期，应视为在本公约签订之日生效。②

美国税收协定的缔结过程是先由美国财政部代表美国与缔约方谈判税收协定，然后协定草案由美国总统或总统代表签订后，再提交给参

---

① See Jones, Avoiding Double Taxation: Credit versus Exemption—The Origins, IBFD Bulletin for International Taxation, Vol. 66, No. 2, 2012.
② 参见《美国和巴基斯坦税收协定》（1957）第 15 条。

议院表决批准后生效。为此,参议院一般会先为待批准的税收协定举行听证会,然后再对该协定进行表决。① 于是在美国参议院对《美国和巴基斯坦税收协定》(1957)举行的听证会上,哈佛大学法学院的 Stanley Surrey 教授②受邀请就《美国和巴基斯坦税收协定》(1957)中的上述税收饶让条款发表意见。Surrey 强烈地批评了税收饶让制度,认为它是一项不合理地抵免"幻影税"(phantom taxes)的制度③,并认为该制度会鼓励外国政府设计一些不合理、不稳定的税收制度来操纵其税收优惠政策,并且还会助长外国政府的腐败行为。由于税收饶让制度会影响纳税公平和违反资本税收中性原则,Surrey 认为若同意采用税收饶让条款,则美国税收制度会遭受损害,因为可能会破坏美国税制的统一性和公平性,减少美国税收收入,在税收协定的角度来限制美国的征税权,对在那些未与美国签订税收饶让协定的国家投资的美国居民产生不平等待遇,甚至会被一些纳税人滥用为避税工具。④ 此外,Surrey 认为,若采用税收饶让制度,会与当时一些人主张将美国企业所得税税率从 52% 降至 38% 产生相同的结果,而当时对于这项企业所得税减税建议正处于激烈的争论之中,存在很多反对减税者。Surrey 认为《美国和巴基斯坦税收协定》(1957)中的税收饶让条款是为了避免艰难的国内立法改革而采取的一项替代措施。⑤ 最后,Surrey 提醒参议

---

① See Doernberg, International Taxation in a Nutshell, 9th edition, West Academic Publishing, 2012.

② Surrey 是税收饶让制度的强烈反对者。Laurey 评价:"Stanley Surrey 几乎是以一己之力摧垮了税收饶让制度。"See Laurey, Re-Examining U. S. Tax Sparing Policy with Development Countries: The Merits of Falling in Line with International Norms, Va. Tax Rev., Vol. 20, 2000-2001.

③ See Brooks, Tax Sparing: A Needed Incentive for Foreign Investment in Low-Income Countries or an Unnecessary Revenue Sacrifice?, Queen's Law Journal, Vol. 34, No. 2, 2009.

④ See Surrey, The Pakistan Tax Treaty and "Tax Sparing", National Tax Journal (pre-1986), June 1958.

⑤ 参见戎惠良:《美国为何不同意税收饶让抵免》,载《涉外税务》1991 年第 4 期。

院,若批准该税收饶让条款,将与美国国内税收立法中反对针对居民外国收入给予任何税收优惠的立场相悖①,而且一旦美国同意在《美国和巴基斯坦税收协定》(1957)中采用该税收饶让条款,那么美国将不可避免地也得同意与其他国家缔结税收饶让协定。②

  Surrey 在听证会上的上述意见对美国参议院产生了影响,他的论文"The Pakistan Tax Treaty and 'Tax Sparing'"也成为主张美国抵制税收饶让制度的著名檄文。美国参议院虽然在 1958 年批准了《美国和巴基斯坦税收协定》(1957),但对该协定中的税收饶让条款却作出了保留,导致于 1959 年生效的《美国和巴基斯坦税收协定》(1957)中未纳入任何税收饶让条款。此后,美国参议院在批准美国与印度、以色列和阿拉伯联合共和国的双边税收协定时,也对这些协定中的税收饶让条款作出了保留。③ 此后 Surrey 在 1961 年至 1969 年期间担任美国财政部税务政策助理部长,领导美国财政部税收协定谈判团队。从此美国财政部在谈签税收协定时坚决地奉行了"决不采用税收饶让制度"的原则,即便该原则后来成为美国与巴西缔结税收协定时的一个重大障碍,导致了美国和巴西至今仍未缔结双边税收协定。④ 由于美国投资在拉美国家经济中具有重要地位,1975 年在哥伦比亚举行的美洲律师联合会第十九次会议通过决议,建议美国政府重新考虑与拉美国家的

---

  ① See Surrey, The Tax Expenditure Concept and the Budget Reform Act of 1974, B. C. L. Rev., Vol. 17,1976.
  ② See Surrey, United Nations Model Convention for Tax Treaties between Developed and Developing Countries: A Description and Analysis (Selected monographs on taxation), International Bureau of Fiscal Documentation,1980.
  ③ See Dittmer, A Global Perspective on Territorial Taxation, Tax Foundation Special Report No. 202, 10 August 2012, http://taxfoundation.org/article/global-perspective-territorial-taxation.
  ④ See Laurey, Re-Examining U. S. Tax Sparing Policy with Development Countries: The Merits of Falling in Line with International Norms, Va. Tax Rev., Vol. 20, 2000-2001.

税收协定中对税收饶让条款的立场。① 然而拉丁美洲国家的建议显然并未能改变美国抵制税收饶让制度的态度,时至今日,美国在其双边税收协定中仍未采用税收饶让制度。

为了避免税收饶让制度成为美国缔结税收协定时的障碍,美国财政部采取了一些变通措施。例如中国和美国在 1984 年签订《中国和美国税收协定》(1984)时,还签订了一份换文,其中美国向中国承诺,如果美国未来对其他协定伙伴作出税收饶让承诺,则也会在与中国的税收协定中纳入税收饶让条款。该承诺的原文为:"双方同意,协定第二十二条暂不规定税收饶让抵免。但是,如果美国今后修改有关税收饶让抵免规定的法律,或者美国同任何其他国家对税收饶让抵免的规定达成协议,本协定即应修改列入税收饶让抵免的规定。"②但是很遗憾,美国至今仍未在任何税收协定中采用税收饶让条款。

一些美国学者也支持美国采用税收饶让制度。Hines 在 2000 年的研究③,Azémar、Desbordes 和 Mucchielli 在 2007 年的研究④,以及 Azémar 和 Delios 在 2008 年的研究⑤都表明,由于美国未在税收协定中采用税收饶让制度,导致了美国居民在海外市场面临竞争劣势风险。2001 年 Damian Laurey 通过测算美国企业和日本企业在海外投资时的

---

① See Marti, No Tax Sparing, No Exemption—Policy in Latin America, Tax Executive, Vol. 30, 1977-1978.
② 参见《中华人民共和国政府和美利坚合众国政府关于对所得避免双重征税和防止偷漏税的协定的换文》,中美双方于 1984 年 4 月 30 日签订。
③ See Hines, Tax Sparing and Direct Investment in Developing Countries, in the volume named International Taxation and Multinational Activity, University of Chicago Press, 2000.
④ See Azémar, Desbordes and Mucchielli, Do Tax Sparing Agreements Contribute to the Attraction of FDI in Developing Countries?, Int. Tax & Public Finan., Vol. 14, 2007.
⑤ See Azémar and Delios, Tax Competition and FDI: The Special Case of Developing Countries, Journal of the Japanese and International Economies, Vol. 22, 2008.

税负①,认为在东道国相同和投资回报假设相同的条件下,理论上美国企业的税收负担应低于日本企业,因为美国当时的企业所得税税率为35%,而日本当时的企业所得税税率为50%。但是受益于日本与东道国税收协定中含有税收饶让条款,在抵免了东道国减免的税收之后,日本企业的全球税负要低于美国企业。基于此研究成果,Laurey呼吁美国应尽快采用税收饶让制度,否则美国企业为了避免海外竞争劣势,将不得不采用各种避税手段来推迟将海外利润汇回美国。此外,美国企业也一直在不断地游说美国国会,并且提交了多份关于采用税收饶让制度的建议。② 虽然美国企业搭建离岸架构进行避税的原因多样,③但是从美国企业海外投资时的税收负担角度考虑,由于缺少与东道国之间的税收饶让条款,美国企业在母国对居民全球收入征税和适用境外税收抵免法的背景下,确实面临了较重的全球税收负担。

(三) 日　　本

截至2015年1月1日,日本与18个国家④签订了双边税收协定,

---

① See Laurey, Re-Examining U. S. Tax Sparing Policy with Development Countries: The Merits of Falling in Line with International Norms, Va. Tax Rev., Vol. 20, 2000-2001.

② See U. S. Joint Committee on Taxation, An Overview of the Special Tax Rules Related to Puerto Rico and an Analysis of the Tax and Economic Policy Implications of Recent Legislative Options, 23 June 2006, JCX-24-06; Federal Tax Law and Issues Related to the Commonwealth of Puerto Rico, 28 September 2015, JCX-132-15.

③ See Clausing, Multinational Firm Tax Avoidance and Tax Policy, National Tax Journal, Vol. 62, 2009.

④ 与日本缔结了税收协定的18个国家如下。(一) 亚洲地区:越南(1995)、菲律宾(1980)、韩国(1998)、泰国(1990)、新西兰(1963)、澳大利亚(2008)、新加坡(1994)、中国(1983)、文莱达鲁萨兰国(2009)、巴基斯坦(2008)、印度(1989)和哈萨克斯坦(2008);(二) 美洲地区:美国(2003)和加拿大(1986);(三) 中东和非洲地区:科威特(2010);以及(四) 欧洲地区:英国(2006)、爱尔兰(1974)和卢森堡(1992)。

其中在与 11 个国家①的税收协定中日本承诺了税收优惠饶让机制、固定比例抵免机制,或者两者兼而有之。此外,日本在其国内税法中还明确规定了针对股息的税收饶让制度条款。②

在签订税收协定时,日本结合自身的经济战略和税收制度特点,采用了灵活的税收饶让条款,有针对性地向一些与其经济联系密切的税收辖区作出了饶让承诺,而且在日本与亚洲国家缔结的税收协定中,大多数是日本作出了单边税收饶让承诺,目的之一可能是避免日本居民在这些国家开展经济活动时面临税收竞争劣势风险。20 世纪 50 年代起,日本经济战略逐步转向对外资本输出,因此日本在与发展中国家谈签税收协定时,往往会将自己定位为居民国角色,加之日本当时采用全球所得税制度和境外税收抵免法,所以难免会顾虑日本居民在海外开展经济活动时因无法保留来源国税收优惠而处于竞争劣势。③ 因此,日本在缔结《印度和日本税收协定》(1960)时首次承诺了税收饶让制度,即由日本单方面承诺对于印度提供税收优惠措施所减免的税收实施税收优惠饶让机制。具体条款如下:

> (a) 日本纳税人根据印度法律和本协定的规定,就来自印度境内的、在日本和印度都应纳税的收入所应缴纳的印度税款,无论是直接缴纳还是扣减,都应允许抵扣日本就该收入所应缴纳的税款,但其数额不得超过该收入在日本应纳税的全部收入中所占的

---

① 与日本在税收协定中约定了税收饶让条款的 11 个国家如下。(一) 亚洲地区:越南(1995)、菲律宾(1980)、韩国(1998)、泰国(1990)、新加坡(1994)、中国(1983)、巴基斯坦(2008)、印度(1989);(二) 中东和非洲地区:科威特(2010);以及(三) 欧洲地区:爱尔兰(1974)、英国(2006)。

② 参见李敏:《美国、法国、日本鼓励对外投资的税收政策比较》,载《涉外税务》2006 年第 5 期。

③ See Masui, The Influence of the 1954 Japan-United States Income Tax Treaty on the Development of Japan's International Tax Policy, Bulletin for International Taxation, April/May 2012.

日本税款的比例。

(b) 就上文(a)段所述的抵免而言,应视为纳税人已支付印度税款,其数额为1922年《印度所得税法》(1922年第11号)下列各节所规定的旨在促进印度经济发展的特别奖励措施所减少的数额,但在本协定签订之日生效的上述措施给予纳税人的优惠范围不得增加。(i) 第4(3)(XVIIb)条——关于海外借款的应付利息的免税。(ii) 第10(2)(VI b)条——关于发展退税。(iii) 第15C条——与新成立的工业企业的免税有关。(iv) 第56A条——关于公司从从事某些基础工业事业的印度公司获得的股息免征超级税。①

《印度和日本税收协定》(1960)是日本缔结的第一个含有税收饶让条款的税收协定,此后该协定成为日本与其他新兴经济体国家谈判税收协定时的参考文本之一。② 例如,《中国和日本税收协定》(1983)也采用了税收饶让制度,由日本单方面承诺对中国因提供税收优惠措施所减免的中国税收,采用税收优惠饶让机制和固定比例抵免机制。具体条款如下:

三、在第二款第一项所述的抵免中,下列中国税收应视为已经支付:

(一) 在第十条第二款规定适用的股息的情况下,中华人民共和国的合资经营企业支付股息,按10%的税率,其他股息,按20%的税率;

---

① 参见《印度和日本税收协定》(1960)第11条第3款。
② See Masui, The Influence of the 1954 Japan-United States Income Tax Treaty on the Development of Japan's International Tax Policy, Bulletin for International Taxation, April/May 2012.

(二) 在第十一条第二款规定适用的利息的情况下,按 10% 的税率;

(三) 在第十二条第二款规定适用的特许权使用费的情况下,按 20% 的税率。

四、在第二款所述的抵免中,"缴纳的中国税收"一语应视为包括假如没有按以下规定给予免税、减税或者退税而可能缴纳的中国税收数额:

(一)《中华人民共和国中外合资经营企业所得税法》第五条、第六条和《中华人民共和国中外合资经营企业所得税法施行细则》第三条的规定;

(二)《中华人民共和国外国企业所得税法》第四条和第五条的规定;

(三) 本协定签订之日后,中华人民共和国为促进经济发展,在中华人民共和国法律中采取的任何类似的特别鼓励措施,经缔约国双方政府同意的。①

日本长期对税收饶让制度持积极态度,其原因是多样的。笔者认为至少包括以下几点原因:一是为了配合日本的资本输出战略。由于日本国内市场狭小,从 20 世纪 50 年代起,日本鼓励居民进行国外投资。在 1970 年至 1984 年期间,日本政府逐渐放开了外汇管制,并于 1985 年与联邦德国、法国、美国和英国在纽约市签署《广场协议》(The Plaza Accord),旨在通过迫使美元贬值而促进日本居民在美国投资。这些行动促进了日本居民的对外投资在 1985 至 1990 年期间蓬勃发展。因此,在税收协定政策方面,日本并非随意地选择税收饶让协定伙

---

① 参见《中国和日本税收协定》(1983) 第 23 条第 3 款和第 4 款。

伴国。在日本签订的10个含有税收饶让条款的税收协定中,8个协定是日本与亚洲地区的税收辖区所签订的,而且这些地区在经济、政治和文化等方面都与日本有密切联系。① 二是与日本的税收制度密切相关。第二次世界大战后,日本的重建基本处于美国的监督和帮助之下。1949年,美国派出肖普代表团(The Shoup Mission),②为日本设计了一套与美国税收制度高度类似的税制:即采用全球所得税制度和境外税收抵免法。③ 为了进行战后重建和支付战争赔偿款,日本政府必须筹集大量资金,因此不得不设定了较高的所得税税率,旨在获得更多税收收入。但采用这种税收制度的后果是日本居民在开展对外投资时,往往会在来源国处于相对劣势的竞争地位,因为当日本居民将境外收入汇回日本时,在大多数情况下将不得不在日本补税。这就导致日本投资者在与来源国本地企业相比较时,往往全球税收成本较高,削弱了日本居民在海外开展经济活动时的竞争力。由于日本的经济被行业巨头集团企业垄断,这些巨头集团长期以来一直努力地游说日本政府,希望制定积极的税收政策来提高日本企业在海外市场的竞争力。④ 三是日本自1985年来多次修改其《避税天堂反制法》(Tax Haven Counter Measure Laws),采用的受控外国企业制度在适用范围上从避税天堂扩大到了非避税天堂,导致日本居民越来越难以通过延迟汇回股息的方

---

① See Hines, Tax Sparing and Direct Investment in Developing Countries, in the volume named International Taxation and Multinational Activity, University of Chicago Press, 2000.

② See Report on Japanese Taxation by the Shoup Mission, General Headquarters, Supreme Commander for the Allied Powers, Tokyo Japan, Vol. I. - IV, September 1949.

③ See Masui, The Influence of the 1954 Japan-United States Income Tax Treaty on the Development of Japan's International Tax Policy, Bulletin for International Taxation, April/May 2012. 日本于1953年首次在《日本所得税法》和《日本公司税法》中引入了境外税收抵免制度,并且1954年日本与美国签署的税收协定中也采用境外税收抵免法来避免双重征税。

④ 在2012年之前,日本的企业所得税税率为40.69%。近年来日本通过进行税制改革,企业所得税税率不断下降。2014年企业所得税税率为35.64%。

式来推迟缴纳日本税收。四是与日本采用的境外税收抵免法有密切关系。由于日本居民既可获得抵免其在境外缴纳的来源国税收,也被允许抵免其在境外投资设立的子公司所缴纳的所得税。因此,若日本税收协定中能采用相关的税收饶让制度,则来源国提供给日本投资者和日本投资者在该国的外商投资企业这两个层面的税收优惠措施,都有机会被用于抵免日本投资者的日本税收。鉴于这些原因,日本税收协定中的税收饶让制度确实可能是影响日本居民海外投资选址的因素之一,日本政府也将税收饶让制度作为一种政策工具,用于鼓励和引导居民对外投资,消除其税收制度导致居民海外竞争劣势的顾虑。

二、发展中国家

巴西、新加坡和中国都不是 OECD 成员国,所以笔者在本书中将这三个国家归入发展中国家类别,它们虽然在如何使用税收饶让制度问题上存在一定的差异,但总体上能够代表发展中国家对于税收饶让制度的积极态度。值得注意的是,巴西和中国作为新兴经济转型国家,在税收协定政策方面正面临着从过去的来源国角色转向目前的既是来源国也是居民国角色,因此巴西和中国对于税收饶让制度的态度也相应地发生了转变。新加坡则能代表一些发展中国家的另一种策略,即无论新加坡在税收协定中是处于来源国角色还是居民国角色,都可以灵活地采用税收饶让制度来配合实施其经济发展战略。

（一）巴　　西

截至 2015 年 1 月 31 日，巴西已缔结了 32 个双边税收协定，其中 20 个税收协定采用了税收饶让制度[①]，类型方面既有固定比例抵免机制，也有税收优惠饶让机制，或者两者兼有。在这 20 个税收饶让协定中，有 14 个税收协定是由缔约国另一方单方面承诺要饶让巴西税收。

巴西在税收饶让协定中表现出对于固定比例抵免机制的明显偏好。除了与日本签订的税收协定外[②]，巴西的其余 19 个税收饶让协定都采用了固定比例抵免机制，或者采用了固定比例抵免机制和税收优惠饶让机制相结合的形式。[③] 例如，《加拿大和巴西税收协定》(1984) 第 10 条规定，来源国对非居民的组合投资股息收入所征收预提所得税税率应不超过 15%；同时在该协定第 22 条第 5 款中，加拿大单边承诺按照 25%固定比例抵免巴西征收的预提所得税。[④] 巴西对固定比例抵免机制的偏好与巴西税收政策发展历史密切相关。在 20 世纪 60 年代，巴西采用的税收政策是来源国应有对收入的专属征税权，因此当巴西处于来源国角色时，在税收协定中巴西并不情愿将征税权分配给处于居民国角色的缔约国另一方。[⑤] 然而在 20 世纪 60 年代末，巴西的税

---

①　与巴西签订了税收饶让协定的 20 个税收辖区为：(一) 巴西和缔约国另一方都承诺了采用固定比例抵免机制：印度、厄瓜多尔、韩国和菲律宾；(二) 缔约国另一方单边承诺采用固定比例抵免机制：捷克、斯洛伐克、加拿大、丹麦、芬兰、奥地利、荷兰、瑞典、西班牙、葡萄牙、挪威、卢森堡、法国、匈牙利；(三) 缔约国另一方单边承诺采用税收优惠饶让机制：日本；(四) 缔约国另一方单边承诺采用固定比例抵免机制和税收优惠饶让机制：比利时。

②　参见《巴西和日本税收协定》(1967) 第 22 条第 2 款(b)项。

③　参见《巴西和比利时税收协定》(1972) 第 10 条第 2 款和第 23 条第 2 款(II)项。

④　参见《巴西和加拿大税收协定》(1984) 第 10 条第 2 款和第 22 条第 5 款。

⑤　See Schoueri and Silva, Chapter 5-Brazil, in Lang, et al. (eds.), Impact of the OECD and UN Model Conventions on Bilateral Tax Treaties, Cambridge University Press, 2012.

收政策发生了变化,为了吸引外国投资,巴西在与发达国家谈判税收协定时,双方约定的来源国对股息所征预提所得税税率多为不超过15%,但巴西当时国内法规定的所得税税率为25%,因此税收协定限制了巴西作为来源国时的征税权。① 巴西不能接受税收协定导致巴西税收下降的同时增加了居民国的税收收入,而外国投资者却无法从中受益。因此巴西在谈判税收协定时坚决要求缔约国另一方必须承诺按照固定比例来抵免巴西税收,而不考虑纳税人在巴西实际缴纳的税额。所以巴西与发达国家签订的税收协定大多采用了固定比例抵免机制,由发达国家缔约方单方承诺对来源于巴西的股息、利息或特许权使用费适用较高的固定抵免比例,例如巴西与奥地利(1975)、丹麦(1974)、法国(1971)、瑞典(1975)和卢森堡(1978)的税收协定等。作为拉美国家中的发展中国家代表,巴西在税收饶让制度问题上所遵循的是承认和尊重来源国主权理论。② 巴西税收协定政策的一个主要内容是坚持巴西在与发达国家签订的税收协定时,必须采用税收优惠饶让机制和固定比例抵免机制条款,③而且巴西在《OECD 范本》第 23 条注释中也明确表达了该立场,④所以巴西和美国至今没有缔结税收协定的原因之一就是双方无法就税收饶让制度达成共识。

---

① 例如巴西与法国(1971)、比利时(1972)、奥地利(1975)和意大利(1978)的税收协定。
② See Schoueri and Silva, Chapter 5-Brazil, in Lang, et al. (eds.), Impact of the OECD and UN Model Conventions on Bilateral Tax Treaties, Cambridge University Press, 2012.
③ See Schoueri, Tax Sparing: A Reconsideration of the Reconsideration, in Yariv Brauner and Miranda Stewart (eds.), Tax, Law and Development, Edward Elgar, 2013.
④ 《OECD 范本》(2010)注释中对第 23 条的立场第 1、3 和 4 段规定如下:"1. 阿尔巴尼亚、阿根廷、巴西、印度、象牙海岸、马来西亚、摩洛哥、中华人民共和国、塞尔维亚、泰国、突尼斯和越南保留在其各自国家法律规定的税收优惠方面增加税收饶让条款的权利……3. 巴西保留对第 11 条和第 12 条所涉及的部分或全部收入增加固定比例抵免机制的权利,其结果是就消除双重征税的条款而言,应视为已按该收入的一定比率缴税,具体比率有待谈判。4. 巴西和突尼斯保留规定第 10 条所涵盖的收入在另一缔约国应被免税或有获得固定比例抵免的权利。"

20世纪80年代和90年代,当巴西与发展中国家谈判税收协定时,对于是否采用税收饶让制度,巴西的态度比较灵活。在与一些发展中国家的税收协定中,巴西达成了互惠的固定比例抵免机制和/或税收优惠饶让机制,例如巴西与印度(1988)、厄瓜多尔(1983)、韩国(1989)和菲律宾(1983)的税收协定。而在与另一些发展中国家的税收协定中,巴西没有采用任何税收饶让制度,例如《巴西和中国税收协定》(1991)。但是在同一时期,当巴西与发达国家谈判税收协定时,仍然可以见到一些税收协定中仅发达国家单边作出了税收饶让承诺,例如巴西与挪威(1982)、加拿大(1984)和荷兰(1990)的税收协定。

近年来,巴西居民对外投资迅速增长,这可能影响了巴西的税收协定政策。2005年巴西修订国内立法,将属地管辖原则改为对居民的全球所得征税制度。[①] 巴西在2000年之后所缔结的税收协定中,都未坚持必须采用税收饶让制度,例如巴西与智利(2001)、以色列(2002)、乌克兰(2002)、南非(2003)和秘鲁(2006)的税收协定等。此外,巴西的受控外国企业制度也确保能对巴西居民的海外未分配利润征税,而且这些海外未分配利润并不局限于被动型收入或来自低税辖区的收入。上述这些变化意味着,巴西的税收协定政策立场正逐渐从此前的来源国转变为一个混合立场,即巴西既是来源国也是居民国。巴西在税收协定政策上的立场转变,必然会导致其重新考虑对税收饶让制度的态度。

---

① See Schoueri and Silva, Chapter 5-Brazil, in Lang, et al. (eds.), Impact of the OECD and UN Model Conventions on Bilateral Tax Treaties, Cambridge University Press, 2012.

(二) 新 加 坡

新加坡在谈判税收协定时,既可能处于居民国角色,也可能处于来源国角色,因此新加坡在税收协定中广泛、灵活地采用了税收饶让制度。截至 2015 年 1 月,在新加坡的 77 个双边税收协定中,有 40 个税收协定采用了税收饶让条款,而且这些协定的缔约国另一方既有发达国家,也有发展中国家。由于新加坡既需要使用税收优惠措施来吸引外资,也需要鼓励本国居民对外投资,新加坡在采用税收饶让制度时对不同缔约国采取了区别对待策略。例如,当新加坡与澳大利亚、英国、卢森堡、德国、日本等发达国家签订税收协定时①,要求这些发达国家在税收协定中单边作出饶让承诺,旨在确保新加坡提供的税收优惠措施能惠及来自这些国家的投资者。当新加坡与中国、泰国、斯里兰卡、俄罗斯、土耳其等新加坡居民投资较多的国家签订税收协定时,往往由新加坡单方作出税收饶让承诺,即允许新加坡居民抵免在这些缔约国享受的税收优惠,旨在增强新加坡居民的海外竞争力。② 对于其余缔约国,例如韩国、印度、意大利、越南、以色列等,新加坡在税收协定中采用的是双边税收饶让制度,旨在利用税收饶让制度的双刃剑特性,符合新加坡既可能处于居民国角色也可能处于来源国角色的税收利益。

新加坡对于税收饶让制度持积极态度,可能与其鼓励企业国际化

---

① 新加坡与 13 个国家的税收协定含有单边税收饶让制度,是由缔约国另一方承诺饶让抵免新加坡税收,这些国家是澳大利亚、加拿大、丹麦、法国、德国、匈牙利、日本、卢森堡、阿拉伯联合酋长国、新西兰、挪威、瑞典和英国。

② 新加坡与 7 个国家的税收协定中含有单边税收饶让制度,是由新加坡单边作出了饶让承诺,这些协定的缔约方分别是中国、埃及、巴布亚新几内亚、俄罗斯联邦、斯里兰卡、泰国和土耳其。

和进行海外投资的经济战略有密切关系。① 新加坡国内市场有限,因此对于居民来源于境外的收入,仅在被汇回新加坡时才在新加坡纳税②,旨在鼓励新加坡居民进行海外投资。另外,新加坡所采用的境外税收抵免法曾经适用"分国又分项"规则,由于新加坡公司税率较低(仅为17%)③,新加坡居民企业经常无法完全抵免其在高税负来源国已纳税款,导致新加坡居民企业不愿意将其利润汇回新加坡。2003年,新加坡颁布了特殊境外收入免税法,适用于居民的外国股息、分公司利润和服务收入。④ 2012 年,新加坡改革了境外税收抵免法,取消了"分国又分项"规则,由此新加坡居民可以将其来自高税辖区(例如中国企业所得税税率为25%)的收入与来自低税辖区(例如百慕大所得税税率为0)的收入混同在一起,用于计算该居民在新加坡的可抵免税额。这些改革措施为新加坡居民规划其投资选址和投资模式提供了更多灵活性,同时也吸引了跨国企业到新加坡设立控股公司或地区总部,针对其来自世界各地的各种类型收入在新加坡享受灵活的抵免方法。

新加坡多年来保持了经济持续增长,这与其所使用的税收政策(尤其是大量的税收优惠政策)密切相关,包括新加坡在 20 世纪 60 年代为创造就业机会而提供税收优惠,在 20 世纪 70 年代为提升技术而提供税收优惠,在 20 世纪 80 年代针对高科技企业提供税收优惠,以及

---

① See Koenig and Ho, The Foreign Tax Credit Pooling System, IBFD Asia-Pacific Tax Bulletin, November/ December 2011.
② 参见《新加坡所得税法》第 10 条第 1 款。
③ 参见新加坡税务局网站, http://www.iras.gov.sg/irashome/page04.aspx? id = 410.
④ 根据《新加坡所得税法》第 13 条第 1 款,境外收入免税法的适用条件包括:(1)根据收入来源地的法律,该收入应缴纳所得税;而且(2)当新加坡居民将该收入汇回新加坡时,根据该收入来源地的法律,来源国对该收入可征收的税率应不低于15%。

在20世纪90年代通过税收优惠吸引外商投资到知识密集型产业等。为了确保新加坡提供的税收优惠措施能够惠及外国投资者,新加坡政府在谈判税收协定时会将税收饶让制度作为重点谈判内容。对于发达国家,新加坡的税收协定策略是应主张在税收协定中采用税收饶让条款,可采用的形式既包括固定比例抵免机制,也包括税收优惠饶让机制。

与此同时,新加坡也将税收饶让制度作为一项战略工具,用于鼓励居民进行海外投资。① 对于发展中国家,新加坡则一般采用互惠税收饶让制度。近年来随着发展中国家对外投资增长,新加坡在与这些发展中国家签订的协定中正改变其地位,有时也会处于来源国角色。因此新加坡与这些国家在税收协定中约定的双边互惠饶让机制发挥作用,确保了新加坡提供的税收优惠能惠及这些发展中国家投资者。对于一些国内市场较大的缔约国另一方,新加坡并不拒绝单边作出饶让承诺。② 例如,在《中国和新加坡税收协定》(1986)以及《中国和新加坡税收协定》(2007)中,新加坡都单边作出了税收饶让承诺。具体条款如下:

(1)《中国和新加坡税收协定》(1986)第24条第3款和第4款分别规定:

　　三、在本条第一款所述的抵免中,有关第十条、第十一条和第十二条的所得项目,所征中国税收的数额应视为:

　　(一)中外合资经营企业支付股息总额的百分之十,其他股息

---

① 参见新加坡发展委员会网站,http://www.edb.gov.sg/content/edb/en/about-edb/company-information/our-history.html。

② See Tan, Singapore's Tax Treaty Policy, Intertax, Vol. 29, Issue 5, Kluwer Law International, 2001.

总额的百分之二十;

(二)利息总额的百分之二十;

(三)特许权使用费总额的百分之二十。

四、在本条第一款所述的抵免中,有关缴纳的中国税收,应视为包括假如没有按以下规定给予免税、减税或者退税而可能缴纳的中国税收数额:

(一)《中华人民共和国中外合资经营企业所得税法》第五条、第六条和《中华人民共和国中外合资经营企业所得税法施行细则》第三条的规定;

(二)《中华人民共和国外国企业所得税法》第四条和第(三)《中华人民共和国国务院关于经济特区和沿海十四个港口城市减征、免征企业所得税和工商统一税的暂行规定》中,有关减征、免征所得税的第一条第一款、第二款、第三款,第二条第一款、第二款、第三款和第三条第一款、第二款的规定;

(四)本协定签订之日或以后,中国为促进经济发展,在有关法律中作出的任何减税、免税或者退税的规定,经缔约国双方主管当局同意的。

(2)《中国和新加坡税收协定》(2007)第22条第3款规定:

在本条第二款规定的抵免中,缴纳的中国税收应视为包括假如没有按中华人民共和国企业所得税法及其实施条例规定给予免除、减少或退还而可能缴纳的中国税收数额。

新加坡在一些税收协定中对税收饶让条款约定了日落条款,例如《新加坡和沙特阿拉伯税收协定》(2010)中的税收饶让条款,被附加了为期 5 年的日落期限。① 一些日落条款允许新加坡和缔约方在日落期结束时可以合意延期。例如,《新加坡和卡塔尔税收协定》(2006)中规定了双边税收优惠饶让机制,虽然附有为期 10 年的日落期限,但经新加坡和卡塔尔双方合意可以延期。②

(三) 中　　国

中国在 1983 年与日本缔结第一个税收协定时,就积极支持在税收协定中采用税收饶让制度。截止到 2018 年底,中国已与 101 个税收辖区缔结了双边税收协定,其中有 52 个税收协定采用了税收饶让条款。

在中国缔结的双边税收协定中,约定采用互惠税收饶让条款的有 29 个,缔约另一方主要是与中国经贸往来较多的发展中国家,包括泰国、巴基斯坦、越南、沙特阿拉伯、斯里兰卡等。1985 年,马来西亚成为第一个与中国签订含有双边互惠饶让机制的税收协定的国家,随后是泰国和意大利在 1986 年与中国签订含有双边互惠饶让机制的税收协定。这 29 个国家的地理分布如下:亚洲 12 个③、欧洲 8 个④、澳大利亚 1 个⑤、

---

① 参见《新加坡和沙特阿拉伯税收协定》(2010)第 23 条第 2 款。
② 参见《新加坡和卡塔尔税收协定》(2006)第 23 条第 2 款。
③ 截至 2015 年 5 月 5 日,与中国签订含有互惠税收饶让机制税收协定的 12 个亚洲国家分别为马来西亚(1985)、泰国(1986)、巴基斯坦(1989)、科威特(1989)、韩国(1994)、印度(1994)、越南(1995)、尼泊尔(2001)、阿曼(2002)、斯里兰卡(2003)、文莱(2004)和沙特阿拉伯(2006)。
④ 截至 2015 年 5 月 5 日,与中国签订含有互惠税收饶让机制税收协定的 8 个欧洲国家分别为意大利(1986)、斯洛伐克(1987)、波斯尼亚和黑塞哥维那(1988)、保加利亚(1989)、塞浦路斯(1990)、塞尔维亚和黑山(1997)、马其顿(1997)和葡萄牙(1998)。
⑤ 截至 2015 年 5 月 5 日,与中国签订含有互惠税收饶让机制税收协定的大洋洲国家是巴布亚新几内亚(1994)。

北美 2 个①、南美 1 个②、非洲 5 个③。在这 29 个国家中,21 个国家承诺了仅采用税收优惠饶让机制④,6 个国家承诺了采用税收优惠饶让机制和固定比例抵免机制的组合形式⑤,意大利和斯洛伐克则承诺了仅采用固定比例抵免机制。

在中国缔结的双边税收协定中,有 14 个协定采用的是单边税收饶让制度,都是由缔约国单方作出税收饶让承诺。这些缔约国主要是经济发达国家,例如日本、加拿大、澳大利亚等。⑥ 这 14 个国家中,3 个在亚洲⑦,8 个在欧洲⑧,1 个在北美洲⑨,2 个在大洋洲⑩。在这 14

---

① 截至 2015 年 5 月 5 日,与中国签订含有互惠税收饶让机制税收协定的北美国家是牙买加(1996)和古巴(2001)。

② 截至 2015 年 5 月 5 日,与中国签订含有互惠税收饶让机制税收协定的南美洲国家是特立尼达和多巴哥(2003)。

③ 截至 2015 年 5 月 5 日与中国签订含有互惠税收饶让机制税收协定的 5 个非洲国家分别是毛里求斯(1994)、塞舌尔(1999)、突尼斯(2002)、摩洛哥(2002)、埃塞俄比亚(2009)。

④ 截至 2015 年 5 月 5 日,与中国签订含有税收优惠饶让机制协定的 21 个国家分别为马来西亚(1985)、泰国(1986)、波斯尼亚和黑塞哥维那(1988)、保加利亚(1989)、印度(1994)、毛里求斯(1994)、牙买加(1996)、塞尔维亚和黑山(1997)、马其顿(1997)、葡萄牙(1998)、塞舌尔(1999)、古巴(2001)、尼泊尔(2001)、阿曼(2002)、突尼斯(2002)、摩洛哥(2002)、斯里兰卡(2003)、特立尼达和多巴哥(2003)、文莱(2004)、沙特阿拉伯(2006)和埃塞俄比亚(2009)。

⑤ 截至 2015 年 5 月 5 日,与中国签订含有税收优惠饶让机制和固定比例抵免机制组合形式协定的 6 个国家分别是巴基斯坦(1989)、科威特(1989)、塞浦路斯(1990)、韩国(1994)、巴布亚新几内亚(1994)和越南(1995)。

⑥ 王晓悦:《税收饶让抵免的考察与政策选择(上)》,载《涉外税务》2001 年第 11 期;王晓悦:《税收饶让抵免的考察与政策选择(下)》,载《涉外税务》2001 年第 12 期。

⑦ 截至 2015 年 5 月 5 日,与中国缔结税收协定中采用单边饶让机制的 3 个亚洲国家分别是日本(1983)、新加坡(2007)和阿拉伯联合酋长国(1993)。

⑧ 截至 2015 年 5 月 5 日,与中国缔结税收协定中采用单边饶让机制的 8 个欧洲国家分别是挪威(1986)、瑞典(1986)、波兰(1988)、西班牙(1990)、奥地利(1991)、匈牙利(1992)、卢森堡(1994)和冰岛(1996)。

⑨ 截至 2015 年 5 月 5 日,与中国缔结税收协定中采用单边饶让机制的北美国家是加拿大(1986)。

⑩ 截至 2015 年 5 月 5 日,与中国缔结税收协定中采用单边饶让机制的 2 个大洋洲国家分别是新西兰(1986)和澳大利亚(1988)。

个国家中,只有 2 个国家承诺仅采用税收优惠饶让机制①,4 个国家承诺了采用税收优惠饶让机制和固定比例抵免机制的组合形式②,其余 8 个国家只承诺了采用固定比例抵免机制③。截至 2023 年 6 月,中国尚未单方作出任何税收饶让承诺。

中国的税收饶让政策能体现出发展中国家对于税收饶让制度的一些共同特点:(1) 为了确保本国提供的税收优惠能够惠及外国投资者,一般会在税收协定中要求经济发达缔约国另一方给予税收饶让;(2) 对于与本国经济状况类似的发展中国家,往往会签订双边互惠饶让条款或者双方都不承诺采用税收饶让制度。此外,中国的税收饶让政策随着中国经济发展和税收优惠政策改变而发生了变化,其演变进程基本上可分为以下三个阶段:

1. 自 1983 年至 1990 年期间

中国为外国投资者和外国投资企业提供了数量众多的税收优惠措施,旨在吸引外国资本和技术流入,这就要求中国在缔结税收协定时,需要确保相关税收优惠措施能够惠及外国投资者,因此税收饶让制度成为中国与发达国家(一般为外国投资者居民国)谈判税收协定时的关键内容之一。在这一时期,根据缔约国的经济发展状况以及与中国的贸易和投资往来情况,中国采取了不同的税收饶让策略:④

---

① 截至 2015 年 5 月 5 日,与中国缔结税收协定中采用税收优惠饶让机制的 2 个国家分别是匈牙利(1992)和新加坡(2007)。
② 截至 2015 年 5 月 5 日,与中国缔结税收协定中采用税收优惠饶让机制和固定比例抵免机制相结合形式的 4 个国家是加拿大(1986)、新西兰(1986)、澳大利亚(1988)和阿拉伯联合酋长国(1993)。
③ 截至 2015 年 5 月 5 日,与中国缔结税收协定中仅采用固定比例抵免机制的 8 个国家分别是日本(1983)、挪威(1986)、瑞典(1986)、波兰(1988)、西班牙(1990)、奥地利(1991)、卢森堡(1994)和冰岛(1996)。
④ 参见王晓悦:《税收饶让抵免的考察与政策选择(上)》,载《涉外税务》2001 年第 11 期;王晓悦:《税收饶让抵免的考察与政策选择(下)》,载《涉外税务》2001 年第 12 期。

（1）在与发达国家进行税收协定谈判时，中国一般会主张采用单边饶让机制，即由发达国家缔约国单边作出饶让承诺。但是，税收饶让机制并未成为阻碍中国与发达国家缔约国缔结税收协定的障碍。《中国和美国税收协定》(1984)中并未采用税收饶让条款，但中美两国仍然缔结了该双边税收协定。

（2）在与发展中国家进行税收协定谈判时，中国一般会主张采用双边互惠的税收饶让机制，也可以不采用税收饶让机制。

（3）当与经济欠发达国家进行税收协定谈判时，中国一般不会主动提出采用税收饶让制度，因为欠发达国家可能存在税制不透明或变动风险较大，而且中国居民与欠发达国家尚无大量经贸往来活动。

自1983年与日本签订第一个税收协定之后，中国在此期间共签订了27个税收协定，其中26个协定[①]含有单边或互惠的税收饶让制度。在此期间，唯一一个与中国签订了税收协定但没有采用税收饶让制度的国家是美国。大多数含有单边饶让机制的税收协定是与发达国家签订的，例如，与日本(1983)、法国(1983)、英国(1984)、比利时(1985)、德国(1985)、挪威(1986)和丹麦(1986)签订的税收协定。在同一时期，与发展中国家签订的税收协定中大多数是互惠的税收饶让条款，例如马来西亚(1985)、泰国(1986)和巴基斯坦(1989)。

---

① 在1983年至1990年期间，与中国签订税收饶让协定的26个国家分别是日本(1983)、法国(1983)、英国(1984)、比利时(1985)、德国(1985)、马来西亚(1985)、挪威(1986)、丹麦(1986)、新加坡(1986)、加拿大(1986)、芬兰(1986)、瑞典(1986)、新西兰(1986)、泰国(1986)、意大利(1986)、荷兰(1987)、斯洛伐克(1987)、波兰(1988)、澳大利亚(1988)、波斯尼亚和黑塞哥维那(1988)、保加利亚(1989)、巴基斯坦(1989)、科威特(1989)、瑞士(1990)、塞浦路斯(1990)和西班牙(1990)。此后，有9个国家与中国终止了含有税收饶让条款的双边协定，即法国(1994)、英国(1984)、比利时(1985)、德国(1985)、丹麦(1986)、芬兰(1986)、荷兰(1987)、瑞士(1990)、马耳他(1993)，并且缔结新税收协定时都未再采用税收饶让制度。然而，中国和新加坡终止了1986年税收协定之后，于2007年签署的新税收协定中又采用了税收饶让制度，新加坡单方面承诺了采用税收优惠饶让机制。

在这一时期签订的 26 个含有税收饶让条款的双边税收协定中,17 个协定采用的是税收优惠饶让机制和固定比例抵免机制组合形式的税收饶让条款①,其中有 12 项税收优惠饶让机制所针对的是《中外合资经营企业所得税法》和《外国企业所得税法》规定的具体税收优惠措施。② 1991 年,随着《中外合资经营企业所得税法》和《外国企业所得税法》被废除,这些税收饶让条款在实践中已无法实施,虽然规定了这些税收饶让机制的双边税收协定仍然有效。此外,在这一时期缔结的双边税收协定中,6 个税收协定中为税收饶让条款附加了为期 10 年的日落期限③。这意味着在 20 世纪 90 年代,这些协定中的税收饶让条款陆续过期,但是并没有信息表明缔约国双方曾达成过延期合意,因此这些协定中的税收饶让条款在实践中可能已无法实施。

2. 自 1991 年至 2007 年期间

中国在 1991 年废止了《中外合资经营企业所得税法》和《外国企业所得税法》,并且颁布了《中华人民共和国外商投资企业和外国企业所得税法》(以下简称《外商投资企业和外国企业所得税法》)④。于是

---

① 在 1983 年至 1990 年期间,与中国签署税收优惠饶让机制的 17 个国家分别是日本(1983)、英国(1984)、比利时(1985)、马来西亚(1985)、丹麦(1986)、新加坡(1986)、加拿大(1986)、芬兰(1986)、新西兰(1986)、泰国(1986)、澳大利亚(1988)、波斯尼亚和黑塞哥维那(1988)、保加利亚(1989)、巴基斯坦(1989)、科威特(1989)、瑞士(1990)和塞浦路斯(1990)。

② 在 1983 年至 1990 年期间,12 个国家与中国的税收饶让条款所针对的是《中外合资经营企业所得税法》和《外国企业所得税法》规定的具体税收优惠,这些国家分别是日本(1983)、英国(1984)、比利时(1985)、马来西亚(1985)、丹麦(1986)、新加坡(1986)、加拿大(1986)、芬兰(1986)、新西兰(1986)、澳大利亚(1988)、巴基斯坦(1989)、科威特(1989)。

③ 在 1983 年至 1990 年期间,6 个国家与中国的税收饶让条款附带了日落期限,分别是英国(1984)、比利时(1985)、挪威(1986)、瑞典(1986)、澳大利亚(1988)和西班牙(1990)。

④ 《外商投资企业和外国企业所得税法》由全国人民代表大会于 1991 年 4 月 9 日颁布,并于 2008 年 1 月 1 日废止。

在这一时期,中国的内资企业和外商投资企业分别适用不同的企业所得税制度。内资企业适用的是国务院1993年颁布的《中华人民共和国企业所得税暂行条例》,企业所得税税率为33%,且享受的税收优惠措施有限。外商投资企业适用的是《外商投资企业和外国企业所得税法》,法定税率基本维持在15%至33%之间,并且能享受很多税收优惠待遇,例如较低税率、加速折旧、税收减免等。

中国在这一时期所缔结的65个双边税收协定中,有25个税收协定含有互惠的或单边的税收饶让机制。[①] 与中国签订含互惠税收饶让机制协定的主要是发展中国家,例如巴布亚新几内亚(1994)、印度(1994)、毛里求斯(1994)、越南(1995)和牙买加(1996)等。与中国签订含单边税收饶让机制协定的主要是发达国家,例如奥地利(1991)、卢森堡(1994)和冰岛(1996)等。

在这一时期,中国对于税收优惠饶让机制的策略发生了明显变化。在25个含有税收饶让条款的双边税收协定中,只有《中国和阿拉伯联合酋长国税收协定》(1993)采用了税收优惠饶让机制。该税收优惠饶让机制不仅针对了《外商投资企业和外国企业所得税法》中所规定的税收优惠,还涵盖了中国将来可能制定的税收优惠措施,具体条文如下:

> 六、在第三款所述的抵免中,有关缴纳的中国税收,应视为包括假如没有按以下规定给予免税、减税或者退税而可能缴纳的中

[①] 在1991年至2007年期间,19个国家与中国缔结了互惠税收饶让协定,分别是韩国(1994)、巴布亚新几内亚(1994)、印度(1994)、毛里求斯(1994)、越南(1995)、牙买加(1996)、塞尔维亚和黑山(1997)、马其顿(1997)、葡萄牙(1998)、塞舌尔(1999)、古巴(2001)、尼泊尔(2001)、阿曼(2002)、突尼斯(2002)、摩洛哥(2002)、斯里兰卡(2003)、特立尼达和多巴哥(2003)、文莱(2004)和沙特阿拉伯(2006)。6个国家与中国缔结了单边税收饶让协定,分别是奥地利(1991)、匈牙利(1992)、阿拉伯联合酋长国(1993)、卢森堡(1994)、冰岛(1996)和新加坡(2007)。

国税收数额：

（一）《中华人民共和国外商投资企业和外国企业所得税法》第七条、第八条、第九条和第十条的规定，以及《中华人民共和国外商投资企业和外国企业所得税法实施细则》第六章"税收优惠"的有关规定；

（二）中国为促进经济发展，在其法律中作出的任何减税、免税或者退税的规定。①

这种变化所导致的结果是，虽然中国在 2008 年废除了《外商投资企业和外国企业所得税法》，但是《中国和阿拉伯联合酋长国税收协定》(1993) 中的税收饶让制度能够继续有效，因为该税收饶让条款所适用的税收优惠还包括"中国为促进经济发展，在其法律中作出的任何减税、免税或者退税的规定"。

在这一时期，中国签订的 7 个税收协定针对税收饶让条款附加了日落期限，有效期基本上为 15 年或 10 年。② 目前这些协定中的日落期限已届满，但并没有信息表明缔约国双方曾达成过延期合意，因此这些协定中的税收饶让条款在实践中可能已无法实施。

3. 自 2008 年至今

《企业所得税法》于 2008 年 1 月 1 日生效，自此中国废止了针对外国投资者和外资企业的特殊企业所得税制度和税收优惠措施。于是当中国作为来源国时，不再存在国内法律规定的税收优惠措施需要被居

---

① 参见《中国和阿拉伯联合酋长国税收协定》(1993) 第 23(6) 条。
② 在 1991 年至 2007 年期间，7 个国家与中国缔结了附带日落期限的税收饶让协定。这 7 个国家分别是卢森堡 (1994)、韩国 (2005)、冰岛 (1996)、葡萄牙 (1998)、斯里兰卡 (2003)、文莱 (2004) 和沙特阿拉伯 (2006)。

民国饶让的情况,因此中国税收协定中的税收饶让条款也很难发挥其功能。所以 2008 年之后,当中国与一些发达国家重新签订税收协定时,新缔结的税收协定都没再约定任何税收饶让条款。① 在与发展中国家缔结的税收协定中,也仅有《中国和埃塞俄比亚税收协定》(2009)和《中国和柬埔寨税收协定》(2016)中采用了双边互惠饶让机制条款。

在这一时期,中国对外投资大幅增长,因此在税收协定政策方面,中国面临着从此前的来源国角色逐渐转变为一个混合立场,即中国既是投资者母国也是投资东道国。这意味着从国际税收政策的角度而言,中国需要在资本输出中立原则和资本输入中立原则之间作出选择。在这种背景下,中国是否应继续支持税收饶让制度?这个问题需要在学术理论和税收协定实践中都重新思考。

三、国际组织

税收饶让制度的具体规定主要出现在国际组织制定的文件和各国所缔结的税收协定之中。世界各国在缔结双边税收协定时,普遍参照的税收协定范本为《OECD 范本》和《联合国范本》,并且根据本国利益选择适用范本条款。《OECD 范本》和《联合国范本》虽然基本架构相同,但是对于征税权分配规则的立场却截然不同。两个范本的指导原则都是承认收入来源国拥有优先征税权,但是《OECD 范本》更加强调

---

① 与中国缔结新税收协定的国家包括比利时(2009)、马耳他(2010)、芬兰(2010)、英国(2011)、荷兰(2013)、瑞士(2013)、丹麦(2012)、法国(2013)和德国(2014)。

居民国的征税权,《联合国范本》则更注重保护来源国的征税权[①],因此《联合国范本》更容易为广大发展中国家所接受。《联合国范本》长期以来在税收饶让制度问题上的立场几乎没有变化,OECD 对于税收饶让制度的态度却几经变化,经历了从"可接受"到"积极",再到"消极"的演变过程。

(一) 经济合作与发展组织

1956 年,经济合作与发展组织(OECD)成立财政委员会,为解决其成员国的国际重复征税问题,着手制定一份旨在避免双重征税的协定范本。1963 年,该财政委员会发布了第一份税收协定范本草案,名为《对收入和资本双重征税协定范本草案》(以下简称 1963 年《OECD 范本草案》),建议 OECD 成员国在签订双边税收协定时可以参照该范本草案。1971 年,接替该财政委员会的财政事务委员会修订了 1963 年《OECD 范本草案》和范本注释,并于 1977 年发布了新范本,即《对收入和资本双重征税协定范本》(以下简称 1977 年《OECD 范本》)和范本注释。此后,在 1992 年、1997 年、2000 年和 2010 年,OECD 分别以活页形式更新《OECD 范本》;从 1997 年开始,一些非 OECD 成员国也在范本注释中列明了其对范本中一些条款的保留立场。

尽管《OECD 范本》中从未采用过任何税收饶让条款,但是早在 1963 年《OECD 范本草案》第 23 条的注释中,OECD 就对税收饶让制度作出了说明。此后,OECD 对税收饶让制度的态度几经转变,从 1963 年《OECD 范本草案》注释中的"可接受"态度,转变为 1977 年《OECD

---

① 刘剑文:《国际所得税法研究》,中国政法大学出版社 2000 年版。

范本》和1992年《OECD范本》注释中的"积极"态度,此后在《1998年OECD税收饶让报告》和2000年《OECD范本》注释中转变为"消极"态度,直至今日仍否定税收饶让制度的有效性。

(1) 1963年《OECD范本草案》注释中的"可接受"态度

OECD在1963年《OECD范本草案》第23条注释第47至49段中承认,境外税收抵免法在抵免来源国提供给纳税人的税收优惠方面存在不足。接着OECD在注释第50和51段中建议协定缔约国通过采取偏离正常方法的措施,来修补境外税收抵免法的不足。注释第50和51段的具体条文如下:

> 50. 一种偏离方法可能是,在涉及这种"税收被饶让的"收入的情况下,例如第48段所指出的那样,可以适用免除法。为了涵盖特殊情况,第23(A)条第2款已经提出了偏离免除法的建议,该方法应归类为境外税收抵免法,在这种情况下,偏离免除法的境外税收抵免法可能是可以被接受的。另一种偏离可能是采用所谓的"固定比例抵免机制"。这种方法确保居民国将允许从自己的税款中扣除与来源国在没有给予优惠的情况下本应实际缴纳的税款相应的金额。为了使这一机制产生令人满意的结果,来源国必须能够向居民国通报在没有减免的情况下本应缴纳的税款数额。
>
> 51. 在这种情况下,成员国可自由决定是否要偏离普通境外税收抵免法,如果要偏离,应采取什么形式,以及在偏离前应满足什么条件。

从上述文本中可见,OECD在第23条注释第50段中明确使用了"固定比例抵免机制"来描述可替代方法,即"这种方法确保居民国将允许从自己的税收中扣除相当于在来源国没有给予优惠的情况下本应支付的税收"。虽然在上述注释中 OECD 没有明确地提出"税收饶让"一词,但是上述关于固定比例抵免机制的描述非常宽泛,已经超出按固定比例抵免来源国预提所得税的范畴,所以笔者推断 OECD 在起草该段注释时有可能考虑的是固定比例抵免机制和税收优惠饶让机制相结合的税收饶让制度。

(2) 1977 年和 1992 年《OECD 范本》注释中的"积极"态度

在 1977 年《OECD 范本》注释中,OECD 将 1963 年《OECD 范本草案》注释第 23 条第 47 至 49 段改为第 70 至 72 段,但这三段注释的内容并未改变。此外,OECD 还修改了 1963 年《OECD 范本草案》注释第 23 条第 50 和 51 段的文本,将其列为第 73 段。尽管 OECD 仍然未明确使用"税收饶让"一词,但将固定比例抵免机制[在第 73 段(a)和(b)中]和税收优惠饶让机制[在第 73 段(c)中]都作为境外税收抵免法的替代方案,提出了以下建议:

> 可采取若干种形式以达到此效果,例如:
> a) 居民国对于来源国依照其一般立法可以征收的税额,或协定限定的数额(例如第 10 条和第 11 条规定的对股息和利息税率的限制)允许抵免,即便来源国为促进经济发展而根据特殊条款放弃其全部或部分的税收;
> b) 为与来源国减税相配合,居民国同意按较固定的高税率在其税收中给予抵免(部分是虚拟的);
> c) 居民国对于在来源国享受了税收优惠的所得免予征税。
> 在双边谈判中,缔约国可以自由选择其他形式。

此外,OECD 还在 1977 年《OECD 范本》第 23 条注释中增加了三个条款,即第 74 至 76 段,对于如何起草上述替代方案予以指导:一是固定比例抵免机制和税收优惠饶让机制都是可选择性方案,用于鼓励缔约国一方居民向缔约国另一方投资;二是对于条款中 a)至 c)所列的税收减免措施,可以通过设定日落期限的方式来限定可饶让税额;三是对于条款的具体技术因素,在设计中存在许多可选择方案。但是对于这些技术要素的选择结果,将会影响缔约国双方将来实施该条款的效果。①

与 1963 年《OECD 范本草案》注释相比,OECD 在 1977 年《OECD 范本》注释中的上述文本表现出了更加积极的态度,因为 OECD 开始指导缔约国关于固定比例抵免机制和税收优惠饶让机制的技术方案问题。此后,OECD 在 1992 年《OECD 范本》注释中对上述段落重新编号,设定为 1992 年《OECD 范本》第 23 条注释第 75 至 78 段,但是文本内容不变。这表明在 1992 年《OECD 范本》注释中,OECD 仍保持了其在 1977 年《OECD 范本》注释中对税收饶让制度的积极态度。

(3)《1998 年 OECD 税收饶让报告》和 2000 年《OECD 范本》注释中的"消极"态度

在《1998 年 OECD 税收饶让报告》中,OECD 的态度发生了巨大转变,不仅列出了税收饶让制度的诸多负面影响,还批评该制度是一种低效的对外援助工具,并且建议 OECD 成员国慎重采用税收饶让制度。此后,OECD 又在 2000 年《OECD 范本》注释中引用了《1998 年 OECD 税收饶让报告》的部分内容,明确表现出 OECD 对于税收饶让制度的消极态度。

在 2000 年《OECD 范本》注释中,首先,OECD 在第 23 条注释第 72 至 74 段中增加了三个新条款,不仅首次明确使用了"税收饶让"一词,也承认了境外税收抵免法存在瑕疵,会削弱来源国税收优惠的效果,而

---

① 参见 1977 年《OECD 范本》对第 23 条注释的第 74 至 76 段。

税收饶让制度可以作为修补境外税收抵免法的一个可选择方案,并且可采用的三种形式分别为:固定比例抵免机制、税收优惠饶让机制和完全免除受益于来源国优惠的外国收入。具体如下:

72. 有些国家为吸引外国投资而给予外国投资者不同的税收优惠。当外国投资者的居民国采用境外税收抵免法时,那么因来源国提供税收优惠而获得的利益就会相应减少,即居民国在对享受税收优惠的所得课税时,仅允许对在来源国实际缴纳的税额予以扣除。同样的,如果居民国适用境外收入免税法,但仅对已在来源国征收了一定程度税收的所得适用境外收入免税法,那么来源国所给予的税收优惠可能会产生投资者在其居民国适用境外收入免税法被拒绝的后果。

73. 为了避免在居民国出现上述情况,一些实施税收优惠的国家希望在协定中纳入通常被称为"税收饶让"的条款。这些条款旨在允许非居民对于在来源国税收优惠计划下已经获得减让的税收获得抵免或是保证在适用与境外收入免税法相关的条件时可以考虑这些被减让的税。

74. 税收饶让条款构成对第23A条和第23B条的背离。税收饶让条款可采取下列几种不同的形式,如:

a) 居民国对于来源国依照其一般立法可以征收的税额,或协定限定的数额(例如第10条和第11条规定的对股息和利息税率的限制)允许抵免,即便来源国为促进经济发展而根据特殊条款放弃其全部或部分税收;

b) 为与来源国减税相配合,居民国同意按较高税率在其税收中给予抵免(部分是虚拟的);

c) 居民国对于在来源国享受了税收优惠的所得免予征税。

此外,在 2000 年《OECD 范本》第 23 条注释第 75 至 78 段中,OECD 纳入了《1998 年 OECD 税收饶让报告》的部分条款,详细描述了税收饶让制度的一些负面影响,例如存在协定滥用风险、过度分配利润、鼓励有害税收竞争等;并且 OECD 用这些内容取代了 1977 年《OECD 范本》注释第 23 条第 74 至 78 段中那些态度积极的指导建议。2000 年《OECD 范本》注释第 23 条第 75 至 78 段条文如下:

75. 1998 年财政事务委员会的一份题为《税收饶让制度:重新审视》的研究报告,分析了税收饶让条款依据的税收政策以及这类条款的起草。报告对给予税收饶让的有用性提出了多方面的质疑。这些问题主要是关于:
——税收饶让引发滥用的可能性;
——税收饶让作为一项促进来源国经济发展的对外援助工具的有效性;
——对税收饶让可能激励各国采用税收优惠方式的普遍担心。

76. 经验表明税收饶让容易被纳税人滥用,这对居民国和来源国可能造成巨大的财政损失。这种滥用难以察觉。另外,即便被察觉,居民国也难以针对这种滥用快速采取相应的措施。要删改现有的税收饶让条款以阻止这种滥用的过程通常是缓慢而麻烦的。

77. 而且,税收饶让也并非必然是促进经济发展的有效手段。在大多数情况下,只有在利润汇回居民国的情况下,居民国才会减少或消除纳税人由于享受税收优惠而获得的利益。因此,通过促进这种利润的返还,税收饶让可能对从事短期投资项目的外国投资者有一种内在的推动力,而且不利于促进外国投资人在来源国从事长期投资经营。另外,外国税收境外收入免税法通常是以这样一种方式设计的,即在计算抵免额时,允许外国投资人在某种范围内以因特定税收优惠而少缴的税额冲抵在该国或其他国家缴纳的较高的税额,这样,居民国最终并没有因税收优惠而征收到额外的税收。

78. 最后,各国经济一体化的加快使得一国税基中的许多部分在地理上的可移动性不断增强。这些发展促使某些国家采取旨在侵蚀他国税基的税收制度。这些税收优惠措施被设计出来主要针对的是那些对税收差异非常敏感的高度移动性的金融服务和其他的服务。这些税收制度潜在的有害效果可能由于条约中现有的设计不佳的税收饶让条款而加剧。如果一国在缔结条约后采取某项税收制度,并且这一制度的设计就是为了确保被现有的税收饶让条款所涵盖,则尤其如此。

在2000年《OECD范本》第23条注释中,OECD还加入了以下条款作为新的第78.1段,建议OECD成员国慎重采用税收饶让制度,与OECD在《1998年OECD税收饶让报告》中对税收饶让制度的消极态度保持一致:

> 委员会的结论认为,各成员国并非必须终止采用税收饶让条款。但委员会明确指出,只有在有关国家的经济水平大大低于OECD成员国水平的时候,才考虑适用税收饶让。各成员国应运用客观的经济标准来确定某国是否适于税收饶让。如果缔约国同意在协定中加入一项税收饶让条款,最好能遵循上述税收饶让报告第6部分提出的准则。采用那些"最佳方法",通过保证仅将这些饶让条款适用于旨在促进来源国基础设施建设的真正投资,将减少这些条款被滥用的可能性。适用于真实投资的范围有限的饶

让条款也会抑制对具有地理流动性活动的有害税收竞争。

2000年《OECD范本》注释中的上述内容,明确地表现出OECD对于税收饶让制度的消极态度。一些非OECD成员国,例如阿根廷、巴西、中国、马来西亚、南非、泰国和越南等在《OECD范本》注释中对上述内容提出了保留意见,重申在国内法和税收协定中采用税收饶让条款的权力。另外,阿根廷、越南、巴西和突尼斯也表明将继续对股息、利息和特许权使用费收入采用固定比例抵免机制。

一个必然会被提出的问题是:《OECD范本》注释是否具有法律约束力? 这个问题在学术界争论已久,但是至今仍无定论。[①] 很明显,无论是在上述《OECD范本》注释中,还是在《1998年OECD税收饶让报告》中,OECD都并没有强迫其成员国放弃采用税收饶让制度,而仅仅明确地建议成员国在采用税收饶让制度时要谨慎行事。OECD的这种建议行为应该对OECD成员国和非成员国都不具有法律上的约束力,虽然事实上自从OECD发布《1998年OECD税收饶让报告》和对《OECD范本》注释作了上述修订之后,税收饶让制度确实越来越少地被应用到此后新缔结的税收协定之中。

(二) 联 合 国

与OECD相比,联合国对税收饶让制度的态度则一直是积极支持的,可能是由于联合国更关注发展中国家的税收利益,而发展中国家在与发达国家谈判和实施双边税收协定时通常会处于来源国地位。联合

[①] See Ward, Is There an Obligation in International Law of OECD Member Countries to Follow the Commentaries on the Model?, in Douma and Engelen (eds.), The Legal Status of the OECD Commentaries, The Netherlands: IBFD, 2008.

国在 1980 年发布《联合国范本》,①并未在范本中采用任何税收饶让条款②,但是在《联合国范本》注释中纳入了 1977 年《OECD 范本》注释中关于税收饶让制度的内容,然后在《联合国范本》第 23 条注释中阐述了以下观点:

首先,在第 23 条注释第 4 至 6 段中,联合国认为居民国采用的境外税收抵免法会减损发展中国家(处于来源国地位时)所提供税收优惠的效果,因此缔约国双方在税收协定中作出饶让抵免承诺,在一定程度上能修补居民国境外税收抵免法的瑕疵,所以联合国能理解一些发展中国家在进行税收协定谈判时强调采用税收饶让条款是其基本诉求之一。联合国也表示,了解到一些成员国认为税收饶让制度不是促进经济发展的一项合适的工具,应该还有其他政策工具能更有效地促进经济发展,所以一些发达国家不会在税收协定中采用该制度。紧接着,联合国就在该段注释中明确地表明了态度:"在投资者母国适用境外税收抵免法的情况下,保持发展中国家所提供税收优惠和税收减免效果的最有效方法,应是税收饶让制度。"

其次,在第 23 条注释第 7 至 9 段中,联合国提出了三项供选择方案:方案一是发展中国家在国内立法中将向外国投资者提供税收优惠的前提条件,设定为外国投资者须在其居民国能抵免因来源国提供优惠所减免的来源国税收。方案二是缔约国双方在税收协定中纳入境外收入推迟征税条款,由居民国承诺对其居民受益于来源国税收优惠的境外收入推迟征税,直至这些境外收入被汇回居民国。方案三是缔约

---

① See UN, Department of Economic and Social Affairs, Division for Public Administration and Development Management, Manual for the Negotiation of Bilateral Tax Treaties between Developed and Developing Countries, New York, 2003.

② See UN, Model Double Taxation Convention between Developed and Developing Countries, 2011 version.

国双方在税收协定中约定分享对这些因来源国提供优惠所减免税额的征税权,即约定居民国虽然可对其居民的来源国收入征税,但是居民国必须与来源国分享相关的税收收入。① 很显然,联合国提出的这三项供选择方案,与 2010 年《OECD 范本》第 23 条注释第 73 段中列出的三个备选方案不同,因为联合国方案更注重保护发展中国家作为来源国的税收利益。但是从可行性角度而言,联合国上述方案中的第二个方案和第三个方案在实践中恐怕难以实施,因为它们都需要来源国与居民国重新谈判才能在双边税收协定中纳入新条款。

最后,在第 23 条注释的第 10 至 13 段中,联合国承认税收优惠和税收饶让制度会产生一定的负面效果,例如导致有害税收竞争、引发协定滥用风险等。但是联合国认为,发展中国家在与发达国家缔结双边税收协定时,仍有必要主张采用税收饶让制度,否则发达国家(即居民国)所采用的境外税收抵免法,在实践中可能会妨碍发展中国家吸引投资。② 联合国虽然将 2000 年《OECD 范本》注释第 23 条第 72 至 78 段中关于《1998 年 OECD 税收饶让报告》的内容也摘录到了《联合国范本》注释之中,但是联合国明确表示进行该摘录的目的是展示出《OECD 范本》与《联合国范本》在注释文本上的差异。③ 在摘录时,联合国并未将《OECD 范本》第 23 条注释第 78.1 段(即建议 OECD 成员谨慎使用税收饶让制度)纳入《联合国范本》注释中,此举表明联合国应该并不赞同 OECD 在《OECD 范本》第 23 条注释第 78.1 段中的结论:即 OECD 成员国应谨慎使用税收饶让制度,并且应仅对经济水平显著过低的国家,才同意采用税收饶让条款。④

---

① 参见《联合国范本》第 23 条注释的第 7 段至第 9 段。
② 参见《联合国范本》第 23 条注释第 10 段至第 13 段。
③ 参见《联合国范本》第 23 条注释第 14 段。
④ 参见 2000 年《OECD 范本》第 23 条注释第 78.1 段。

(三) 世界贸易组织

世界贸易组织(WTO)法律的一些基本规则,例如非歧视、市场准入和禁止补贴等,都与税收问题紧密相关,主要用于解决贸易扭曲和废除关税及非关税壁垒。《关税及贸易总协定》(GATT)[①]的两个重要原则是最惠国原则和国民待遇原则。最惠国原则要求给予一个国家的货物的优惠应该给予所有国家的货物,因此它确保了货物进口的中立性。国民待遇原则要求进口货物的待遇必须与国内生产的货物相同,或不低于国内生产的货物,由此确保国内税收不被用作关税的替代品。GATT 第 3 条第 1 款规定:"各缔约方认识到,国内税和其他国内费用,影响产品的国内销售、兜售、购买、运输、分配或使用的法令、条例和规定,以及对产品的混合、加工或使用须符合特定数量或比例要求的国内数量限制条例,在对进口产品或国产品实施时,不应用来对国内生产提供保护。"第 2 款规定:"一缔约方领土的产品输入另一缔约方领土时,不应对它直接或间接征收高于对相同的国产品所直接或间接征收的国内税或其他国内费用。同时,缔约方不应对进口产品或国产品采用其他与本条第 1 款规定的原则有抵触的办法来实施国内税或其他国内费用。"上述非歧视规则和补贴已被宽泛地解释为,既包括间接税收,也包括直接税收。[②]

[①] GATT 是一项规范国际贸易的多边协议,由 23 个国家于 1947 年 10 月 30 日在日内瓦签署,在 1948 年 1 月 1 日生效。它一直持续生效到 1994 年 4 月 15 日,123 个国家在马拉喀什签署《马拉喀什建立世界贸易组织协定》,并于 1995 年 1 月 1 日成立 WTO。GATT 的原始文本(1947 年 GATT)在 WTO 框架下仍然有效,但须经 1994 年 GATT 的修改。

[②] See Lennard, The GATT 1994 and Direct Taxes: Some National Treatment and Related Issues, in Lang, et al. (eds.), WTO and Direct Taxation, Linde Verlag, 2005.

税收饶让制度的主要功能是保留直接税(即所得税)税收优惠对跨境经济行为的影响,因此适用税收饶让制度可能导致纳税人的一些收入在来源国和居民国都不被征税。于是在讨论税收饶让制度与WTO法律制度之间的关系时,有两个问题值得研究:一是税收饶让制度所针对的来源国税收优惠是否构成被WTO法律禁止的补贴?二是税收饶让制度本身是否会构成WTO法律所禁止的补贴措施?

1. 税收饶让制度所保留的税收优惠是否构成被WTO法律禁止的补贴

WTO法律禁止以税收形式提供进口补贴和出口补贴。禁止进口补贴体现在国民待遇原则中,即要求WTO成员在税收立法和征管方面不应歧视外国产品而偏袒本国产品。该原则衍生出两个主要规则:首先,进口产品的税收负担不应高于国内产品。第二,在产品具有竞争性的情况下,成员不应区别对待同类的进口产品和国内产品。禁止出口补贴体现在最惠国待遇规则中,即要求WTO成员不应歧视其贸易伙伴的产品,当WTO成员向一国产品提供税收优惠时,也应该同样适用于其余WTO成员的产品。此外,WTO成员的税收优惠措施也不应该违反禁止补贴规则。一些国家制定了税收优惠措施用于鼓励出口行为,例如,当出口收入占企业年收入70%及以上时,企业可以享受所得税减免优惠措施,这些针对出口行为的税收优惠措施可能违反WTO法律中的禁止出口补贴原则。[①] 虽然若来源国的税收优惠措施违反WTO法律,并不会导致税收协定中约定的税收饶让条款失效,但是若来源国的税收优惠措施因不违反WTO法律而被废止,那么税收协定中针对这些

---

① See Michael Daly, The WTO and Direct Taxation, WTO Discussion Papers, No. 9, 2005.

税收优惠的饶让条款在实践中将会无法实施。

GATT 和《补贴与反补贴措施协议》①(以下简称"SCM 协议")的目标都是禁止政府通过发放补贴损害外国竞争者的利益,但是 SCM 协议并不禁止所有补贴,而是仅禁止出口补贴和进口补贴。SCM 协议规定,在明确哪些补贴应被禁止时,必须基于对补贴或反补贴措施的效果评估结果,同时也应考虑目标市场和相关经济状况。SCM 协议采用了红绿灯机制,即根据补贴的性质和目的将其分为三类:红灯代表应禁止的补贴,黄灯代表可疑的可诉补贴,绿灯代表可被接受的不可诉补贴。因此,来源国在制定税收优惠措施时,应先确保其税收优惠措施能够通过 SCM 协议中的红绿灯机制测试,然后再讨论如何在双边税收协定中纳入税收饶让条款,以确保其税收优惠措施能够惠及外国投资者。

2. 税收饶让制度本身是否会构成 WTO 法律所禁止的补贴措施

在分析这个问题之前,可以先讨论一个类似的问题:属地管辖原则是否构成 WTO 法律所禁止的补贴行为? 属地管辖原则通常仅对纳税人来源于该国境内的收入征税,所以适用属地管辖原则可能会产生与适用税收饶让制度类似的后果,即居民国将对来源国收入放弃部分(甚至全部)税收。1972 年,当欧洲共同体质疑美国 1971 年颁布的"国内国际销售公司"(Domestic International Sales Corporation,简称 DISC)机制②是一种非法的出口补贴时,美国的反驳理由之一是荷兰、法国和

---

① 《补贴与反补贴措施协议》涉及两个独立但密切相关的主题:规范提供补贴的多边协议,以及使用反补贴措施来抵消由补贴进口造成的损害。该协议是乌拉圭回合谈判的一个谈判结果,于 1994 年 4 月达成。该协议将补贴分为禁止和允许的补贴。那些以出口实绩为条件的补贴和以使用国内货物而不是进口货物为条件的补贴,都是应被禁止的。

② 美国国内国际销售公司(DISC)计划于 1971 年由美国国会批准,对所谓的 DISC 收入免征美国企业所得税,同时也允许对股东收到的该收入进行部分延期纳税。

比利时基于属地管辖原则所实施的境外收入法也应属于非法出口补贴,因为美国 DISC 机制和这些欧洲国家的属地管辖原则一样,其实质都是为鼓励出口行为而提供税收优惠。① 1976 年 11 月的 GATT 小组报告认为,美国 DISC 机制和属地管辖原则都存在补贴行为;但是,关贸总协定理事会在 1981 年 12 月出具了与 1976 年小组报告不同的意见,认为属地管辖原则并不违反 GATT,因为 GATT 不应禁止各国采取旨在避免双重征税的税收措施。② 根据 GATT 上述关于属地管辖原则的意见,笔者推断税收饶让制度作为修正居民国境外税收抵免法的一项工具,与适用属地管辖原则的效果相同,即避免双重征税,因此税收饶让制度不应构成 WTO 法律所禁止的补贴行为。

---

① See Brumbaugh, A History of the Extraterritorial Income (ETI) and Foreign Sales Corporation (FSC) Export Tax-Benefit Controversy, Congressional Research Services, 9 November 2004.
② See GATT Panel Reports 1981, General Agreement on Tariffs and Trade, "Tax Legislation," Basic Instruments and Selected Documents, 28th Supp., March 1982.

第六章
实证研究:以中国和欧盟成员国为例

一、实证对象的选择

欧盟是一个由 27 个欧洲国家①组成的经济和政治伙伴共同体,其历史可追溯至 1952 年建立的欧洲煤钢共同体,其成员有 6 个国家,即比利时、联邦德国、法国、意大利、卢森堡和荷兰。1958 年成立欧洲经济共同体和欧洲原子能共同体,后来通过合并条约与欧洲煤钢共同体合并。1993 年《马斯特里赫特条约》生效后,欧洲共同体转变成欧洲联盟,并且渐渐地从贸易实体转变成经济和政治联盟。之后越来越多的欧洲国家加入欧盟,在 2013 年成员国达到了 28 个。后英国于 2020 年 1 月 31 日晚上 11 时正式退出欧盟,随后进入"脱欧"过渡期,至 2020 年 12 月 31 日结束。欧盟是全球外商直接投资流入的重要区域,2013 年欧盟的外商直接投资流入量为 2460 亿美元,与 2012 年相比增长了 14%。②

---

① 27 个欧盟成员国分别是奥地利、比利时、保加利亚、克罗地亚、塞浦路斯、捷克、丹麦、爱沙尼亚、芬兰、法国、德国、希腊、匈牙利、爱尔兰、意大利、拉脱维亚、立陶宛、卢森堡、马耳他、荷兰、波兰、葡萄牙、罗马尼亚、斯洛伐克、斯洛文尼亚、西班牙和瑞典。

② See EU commission website: http://ec.europa.eu/economy_finance/international/globalisation/fdi/index_en.htm.

中国的对外投资近年来稳步增长,①2013 年中国已仅次于日本和美国,成为全球第三大对外投资国。② 早期中国的对外投资主要针对工业化程度较高国家和自然资源较丰富的国家。③ 近年来中国企业的海外投资东道国既有发展中国家,也有发达国家,欧盟成员国也是中国对外投资的主要目的地国家。④ 随着中国政府进一步放宽对外投资的审批程序,中国的对外投资应会继续增长。

在此前几十年里,中国企业向欧盟成员国的投资迅速增长,总体呈上升趋势。⑤ 在 2003 年至 2011 年期间,中国在欧盟成员国投资存量从 3 亿欧元增长至 58 亿欧元,年增长率达到 59.4%,远高于中国在全球投资的平均存量。⑥ 但是相较于中国在全球的对外投资,欧盟成员国所占份额仍较小,2013 年仅占中国向全球投资总额的 6.61%,⑦因此欧盟成员国仍有吸引更多中国投资者的空间。中国企业在欧盟的投资多集中在少数几个欧盟成员国,例如卢森堡、德国、丹麦、法国、荷兰等。⑧

---

① See UNCTAD database:http://unctadstat.unctad.org/wds/TableViewer/tableView.aspx.
② 参见商务部、国家统计局、国家外汇管理局:《2013 年度中国对外直接投资统计公报》,中国统计出版社 2014 年版。
③ See Clegg and Voss, Chinese Overseas Direct Investment into the European Union, in Brown (ed.), China and the EU in Context: Insights for Business and Investors, Palgrave Macmillan, March 2014.
④ 2013 年,中国对外投资的最主要目的地分别是开曼群岛、美国、澳大利亚、英属维尔京群岛、新加坡、印度尼西亚、英国、卢森堡、俄罗斯、加拿大和德国。
⑤ 参见欧盟统计局数据库, http://ec.europa.eu/eurostat/tgm/table.do?tab=table&init=1&plugin=1&language=en&pcode=tec00048。
⑥ See Clegg and Voss, Chinese Overseas Direct Investment into the European Union, in Brown (ed.), China and the EU in Context: Insights for Business and Investors, Palgrave Macmillan, March 2014.
⑦ 参见商务部、国家统计局、国家外汇管理局:《2013 年度中国对外直接投资统计公报》,中国统计出版社 2014 年版。
⑧ See Clegg and Voss, Chinese Overseas Direct Investment into the European Union, in Brown (ed.), China and the EU in Context: Insights for Business and Investors, Palgrave Macmillan, March 2014.

导致中国投资在欧盟成员国分布不均的原因尚不明晰。笔者起初认为这种分布不均可能与欧盟成员国GDP水平不一致有关系①,但从中国投资流量分析而言,似乎投资分布与欧盟成员国GDP水平并不存在正相关关系。② 例如,2013年,德国GDP位居欧盟成员国榜首,但是中国对德的投资流量仅处于中位数水平。Clegg和Voss认为,在解释中国对欧投资的不均衡分布原因时,应考虑多种因素。例如,欧盟统一市场规则决定了中国投资者即便在一个欧盟成员国进行生产,其产品也能向所有欧盟成员国的市场销售,因此中国投资者选址时不一定会选择市场所在的成员国。此外,一些欧盟成员国与中国具有良好的政治或文化关系,以及一些欧盟成员国提供的税收优惠措施,都对中国企业的投资选址有一定的影响。③

笔者将分析欧盟成员国与中国在双边税收协定中采用的税收饶让制度,并且研究税收饶让制度是否影响了中国投资者赴欧盟投资时的选址决策,甚至造成了中国投资在欧盟的分布不均现象。本书中的"中国在欧盟投资"是指中国居民企业(中国投资者)在欧盟成员国以设立外商投资企业(欧盟企业)形式进行的投资,中国投资者的目的是要在欧盟企业中建立长远利益和对欧盟企业的管理具有一定影响力,即中国投资者在欧盟企业中拥有至少10%的股权或投票权。该定义与OECD对外商直接投资的定义保持一致。

---

① 参见欧盟统计局数据库,http://appsso.eurostat.ec.europa.eu/nui/submitViewTableAction.do。
② 参见欧盟统计局,http://ec.europa.eu/eurostat/eurostat/tgm/table.do?tab=table&init=1&plugin=1&language=en&pcode=tec00049。
③ See Clegg and Voss, Chinese Overseas Direct Investment into the European Union, in Brown (eds.), China and the EU in Context: Insights for Business and Investors, Palgrave Macmillan, March 2014.

二、中国与欧盟成员国之间的税收饶让制度

尽管欧盟成员国都已与中国签订了双边税收协定,但只有 5 个成员国与中国的税收协定中含有税收饶让机制。在剩余的 22 个欧盟成员国中,有 6 个成员国在与中国的税收协定中单边作出了税收饶让承诺,[①]其余 16 个欧盟成员国尚未与中国采用任何税收饶让制度。显然,在欧盟成员国与中国签订的税收协定中,未采用税收饶让制度的协定数量较多,笔者认为这在一定程度上可能影响了中国向欧盟投资的选址决策。

(一) 双边互惠饶让机制

与中国建立了双边互惠饶让机制的 5 个欧盟成员国分别是意大利(1986)、斯洛伐克(1987)、保加利亚(1989)、塞浦路斯(1990)和葡萄牙(1998),这些国家在与中国缔结的双边税收协定中都采用了税收饶让条款,作为居民国一方将抵免其居民在来源国未缴纳的税收。表 6-1 归纳了这 5 个欧盟成员国与中国之间的税收饶让制度。

---

① 与中国签订了双边税收协定的 6 个欧盟成员国,都承诺了单边税收饶让制度,即这些欧盟成员国单边作出了税收饶让承诺。这 6 个欧盟成员国分别是瑞典(1986)、波兰(1988)、西班牙(1990)、奥地利(1991)、匈牙利(1992)和卢森堡(1994)。

表 6-1　欧盟 5 国与中国的双边互惠饶让机制

欧盟成员国	缔约年份	税收优惠饶让机制	固定比例抵免机制	日落条款
意大利	1986	无	是	无
斯洛伐克	1987	无	是	无
保加利亚	1989	是，适用条件比较宽泛	无	无
塞浦路斯	1990	是，适用条件比较宽泛	是	无
葡萄牙	1998	是，适用条件比较宽泛	无	10 年

1. 意大利

意大利是 1952 年欧洲煤钢共同体的 6 个发起国之一。意大利和中国于 1986 年 10 月 31 日签订了《中国和意大利税收协定》(1986)，该协定采用了双边互惠的固定比例抵免机制。

当中意在 1986 年缔结税收协定时，意大利 GDP 约为中国 GDP 的两倍。① 中国当时正处于吸引外商直接投资的初期阶段，因此在谈判双边税收协定时比较重视主张采用税收饶让制度。在 1986 年与意大利缔结双边税收协定之前，中国与 7 个欧洲国家所缔结的税收协定都采用了单边税收饶让机制，由这些欧洲国家单边承诺将饶让中国税收。② 意大利则是第一个与中国在双边税收协定中采用了双边互惠饶让机制的欧盟成员国。

（1）税收饶让条款

《中国和意大利税收协定》(1986) 中的双边互惠饶让机制仅采用

---

① 根据世界银行的数据，意大利 1986 年的 GDP 约为 6403.86 亿美元，而中国 1986 年的 GDP 约为 3007.58 亿美元。参见世界银行数据库，http://data.worldbank.org/indicator/NY.GDP.MKTP.CD? order=wbapi_data_value_1986%20wbapi_data_value&sort=desc。

② 在《中国和意大利税收协定》(1986) 缔结之前，与中国缔结双边税收协定的 7 个欧洲国家分别是法国 (1984)、英国 (1984)、比利时 (1985)、德国 (1985)、丹麦 (1986)、芬兰 (1986) 和瑞典 (1986)。21 世纪初，法国、英国、比利时、德国、丹麦和芬兰分别与中国缔结了新的税收协定，并且在新税收协定中未继续采用税收饶让制度。

了固定比例抵免机制。该税收协定第10条(股息)、第11条(利息)和第12条(特许权使用费)规定,对于支付给缔约国另一方居民受益所有人的股息、利息和特许权使用费,来源国可征收的预提所得税税率最高为10%。但是,该税收协定在第23条中要求居民国对其居民取得的股息、利息和特许权使用费收入,分别按10%、10%和15%固定比例抵免其居民在来源国所支付的所得税。此乃典型的双边互惠固定比例抵免机制,具体条款如下:①

第十条　股息

二、然而,这些股息也可以在支付股息的公司是其居民的缔约国,按照该国法律征税。但是,如果收款人是股息受益所有人,则所征税款不应超过该股息总额的百分之十。本款规定,不应影响对该公司支付股息前的利润所征收的公司利润税。

第十一条　利息

二、然而,这些利息也可以在该利息发生的缔约国,按照该国的法律征税。但是,如果收款人是该利息受益所有人,则所征税款不应超过利息总额的百分之十。

第十二条　特许权使用费

二、然而,这些特许权使用费也可以在其发生的缔约国,按照该国的法律征税。但是,如果收款人是该特许权使用费受益所有人,则所征税款不应超过特许权使用费总额的百分之十。

第二十三条　双重征税的消除方法

四、本条第二款和第三款中,当发生于缔约国一方的营业利

---

① 参见《中国和意大利税收协定》(1986)第10条第2款、第11条第2款、第12条第2款和第23条第4款。

润、股息、利息或特许权使用费,按照该国法律和规定可以在限定的期限内享受免税或减税时,该项免税或减税,在营业利润方面视为按全额支付;在(一)第十条、第十一条所述的股息、利息方面,不超过其总额的百分之十;(二)第十二条所述的特许权使用费方面,不超过其总额的百分之十五。

(2)对中国向意大利投资的影响

与1986年中国和意大利缔结双边税收协定时相比,中意两国的经济社会发展情况已经发生了重大变化。2013年,意大利GDP约为中国GDP的22%①,而且意大利对华投资流量仅为中国对意大利投资流量的11.13%。② 从《中国和意大利税收协定》(1986)的实施角度而言,中国目前主要处于居民国角色,而意大利则主要处于来源国角色,因此《中国和意大利税收协定》(1986)中所规定的固定比例抵免机制,应能惠及在意大利取得股息、利息和特许权使用费收入的中国居民。

《中国和意大利税收协定》(1986)规定的特许权使用费,指的是"使用或有权使用文学、艺术或科学著作,包括电影影片、无线电或电视广播使用的胶片、磁带的版权,专利、商标、设计、模型、图纸、秘密配方或秘密程序所支付的作为报酬的各种款项,也包括使用或有权使用工业、商业、科学设备或有关工业、商业、科学经验的情报所支付的作为报酬的各种款项。"③对于非居民来源于意大利的特许权使用费收入,

---

① 根据世界银行的数据,2013年中国的GDP约为9.57万亿美元,意大利的GDP约为2.14万亿美元。参见世界银行数据库,http://data.worldbank.org/indicator/NY.GDP.MKTP.CD?order=wbapi_data_value_1986%20wbapi_data_value&sort=desc。

② 根据欧盟统计局的数据,2013年意大利流向中国的投资约为3.8亿欧元,而中国在2013年流向意大利的投资约为34.14亿欧元。参见欧盟统计局网站,http://ec.europa.eu/eurostat/tgm/refreshTableAction.do?tab=table&plugin=1&pcode=tec00053&language=en。

③ 参见《中国和意大利税收协定》(1986)第12条第3款。

意大利法律规定非居民公司应在意大利缴纳 30% 所得税,但是税基一般为支付总金额的 75%,所以折算出非居民纳税人在意大利的实际有效税率为 22.5%。① 由于《中国和意大利税收协定》(1986)所规定的来源国可对非居民特许权使用费收入征收的预提所得税税率最高限额为 10%,同时规定居民国应按照 15% 固定比例去抵免来源国税收,因此中国居民从意大利企业收到的特许权使用费收入,应在意大利按照不超过 10% 税率缴纳预提所得税,然后在中国可按照 15% 固定比例抵免意大利税收。

《中国和意大利税收协定》(1986)规定的股息,指的是"从股份、'享受'股份或'享受'权利、矿业股份、发起人股份或其他非债权关系分享利润的权利取得的所得,以及按照分配利润的公司是其居民的缔约国税法,视同股份所得同样征税的其他公司权利取得的所得。"②意大利法律规定,非居民在意大利获得股息红利收入需缴纳 26% 预提所得税③。由于《中国和意大利税收协定》(1986)所规定的来源国可对非居民股息收入征收的预提所得税税率最高限额为 10%,同时规定居民国应按照 10% 固定比例去抵免来源国税收,因此中国投资者在适用该协定中的固定比例抵免机制时,应无意大利税款差额能用于饶让抵免。

《中国和意大利税收协定》(1986)规定的利息,指的是"从公债、债券或信用债券取得的所得,不论其有无抵押担保或者是否有权分享利润,以及从各种债权取得的所得。"④意大利法律规定,非居民在意大利

---

① See Italy Withholding Tax Rates Table, http://online.ibfd.org/kbase/#topic=doc&url=/collections/gtha/html/gtha_it_s_006.html&q=italy&WT.z_nav=crosslinks.
② 参见《中国和意大利税收协定》(1986)第 10 条第 3 款。
③ See Italy Withholding Tax Rates Table, http://online.ibfd.org/kbase/#topic=doc&url=/collections/gtha/html/gtha_it_s_006.html&q=italy&WT.z_nav=crosslinks.
④ 参见《中国和意大利税收协定》(1986)第 11 条第 4 款。

获得利息收入一般应适用26%所得税税率。① 由于《中国和意大利税收协定》(1986)所规定的来源国可对非居民利息收入征收的最高预提所得税税率为10%,同时规定居民国应按照10%固定比例去抵免来源国税收,因此中国投资者在适用该协定中的固定比例抵免机制时,应无意大利税款差额能用于饶让抵免。

2. 斯洛伐克

斯洛伐克于2004年5月1日成为欧盟成员国。2013年斯洛伐克GDP约为中国GDP的1%。②但是,目前尚无法比较斯洛伐克和中国在1987年签订双边税收协定时的经济情况,因为缔约时的协定一方是捷克斯洛伐克社会主义共和国。1989年11月,捷克斯洛伐克政权更迭,改行多党议会民主和多元化政治体制。1990年,改国名为捷克斯洛伐克联邦共和国,同年4月,再次更改国名为捷克和斯洛伐克联邦共和国。1992年12月31日,捷克和斯洛伐克联邦共和国解体为两个国家:捷克共和国和斯洛伐克共和国。斯洛伐克共和国继承了捷克斯洛伐克社会主义共和国与中国在1987年缔结的双边税收协定,即《中国和斯洛伐克税收协定》(1987)。中国与捷克共和国在2009年缔结了双边税收协定,其中并未采用任何税收饶让制度。

(1) 税收饶让条款

与《中国和意大利税收协定》(1986)类似,《中国和斯洛伐克税收协定》(1987)中规定的也是双边互惠的固定比例抵免机制,即中国和

---

① See Italy Withholding Tax Rates Table, http://online.ibfd.org/kbase/#topic=doc&url=/collections/gtha/html/gtha_it_s_006.html&q=italy&WT.z_nav=crosslinks.
② 根据世界银行的数据,2013年斯洛伐克的GDP约为989.4亿美元,中国2013年的GDP约为9.57万亿美元。参见世界银行数据库,http://data.worldbank.org/indicator/NY.GDP.MKTP.CD?order=wbapi_data_value_1986%20wbapi_data_value&sort=desc.

斯洛伐克都承诺，当处于居民国角色时，将按照固定比例抵免纳税人的来源国所得税税款。该固定抵免比例为：对于股息收入和利息收入为10%，对于特许权使用费收入为20%。《中国和斯洛伐克税收协定》(1987)在第10条(股息)、第11条(利息)和第12条(特许权使用费)中，将来源国可对非居民股息、利息和特许权使用费收入征收的预提所得税税率限制为不超过10%。因此，在缔约国另一方获得特许权使用费收入的纳税人，应能受益于固定比例抵免机制，在居民国抵免来源国税收时享受来源国税收与固定抵免比例之间的差额。该协定中的具体条款如下：

第十条 股息

二、然而，这些股息也可以在支付股息的公司是其居民的缔约国，按照该缔约国法律征税。但是，如果收款人是股息受益所有人，则所征税款不应超过该股息总额的百分之十。本款规定，不应影响对该公司支付股息前的利润所征收的公司利润税。

第十一条 利息

二、然而，这些利息也可以在该利息发生的缔约国，按照该缔约国的法律征税。但是，如果收款人是该利息受益所有人，则所征税款不应超过利息总额的百分之十。

第十二条 特许权使用费

二、然而，这些特许权使用费也可以在其发生的缔约国，按照该缔约国的法律征税。但是，如果收款人是该特许权使用费受益所有人，则所征税款不应超过特许权使用费总额的百分之十。缔约国双方主管当局应通过相互协商确定实施上述限制的方式。

第二十三条 双重征税的消除方法

三、在第一款第二项和第二款第一项所述的抵免中，下列捷

克斯洛伐克税收或者中国税收,应视为已经支付:

(一)在第十条第二款规定适用的股息的情况下,按百分之十的税率;

(二)在第十一条第二款规定适用的利息的情况下,按百分之十的税率;

(三)在第十二条第二款规定适用的特许权使用费的情况下,按百分之二十的税率。

(2)对中国向斯洛伐克投资的影响

2006年至2012年期间,中国向斯洛伐克的投资迅速增长[1],可能与斯洛伐克进行的税收制度改革有关。2004年1月1日,斯洛伐克开始实行单一税制,即仅在公司层面对其利润进行征税,当股东获得公司分配利润时则不征税。这意味着从2004年1月1日起,斯洛伐克对于非居民股东从斯洛伐克企业获得的股息红利收入,不再征收预提所得税。[2] 与此同时,由于《中国和斯洛伐克税收协定》(1987)规定了固定比例抵免机制,中国投资者在抵免斯洛伐克税收时仍可适用10%固定抵免比例,尽管其在斯洛伐克并未就其股息收入支付过预提所得税,因此当中国投资者在斯洛伐克设立企业时,其全球税收负担因受益于固定比例抵免机制而降低。

尽管斯洛伐克法律规定,非居民从斯洛伐克获得利息和特许权使用费收入的,应适用19%所得税税率,[3]但是根据《中国和斯洛伐克税收协定》(1987)中的规定,斯洛伐克处于来源国地位时可征收的所得税税

---

[1] 参见欧盟统计局网站,http://ec.europa.eu/eurostat/tgm/refreshTableAction.do?tab=table&plugin=1&pcode=tec00051&language=en。

[2] 参见IBFD数据库,http://online.ibfd.org/kbase/#topic=doc&url=/collections/gtha/html/gtha_sk_s_006.html&q=slovakia&WT.z_nav=crosslinks&hash=gtha_sk_s_6.3.3。

[3] 同上。

率应不超过10%,而中国投资者对于特许权使用费收入在中国可以适用20%固定抵免比例。由此,该固定比例抵免机制可以发挥鼓励中国投资者在斯洛伐克设立企业和向斯洛伐克方许可无形资产和技术等作用。

3. 保加利亚

《中国和保加利亚税收协定》(1989)于1989年11月6日签订。保加利亚于2007年1月1日成为欧盟成员国。2013年保加利亚GDP约为中国GDP的0.58%。①

《中国和保加利亚税收协定》(1989)采用了双边互惠税收饶让制度,形式为税收优惠饶让机制,保加利亚和中国都承诺,作为居民国时将抵免其居民在来源国因享受税收优惠而被减免的来源国税收。具体协定条款如下:

> 三、按照缔约国双方现行法律和规定,发生于缔约国一方的营业利润可以在限定的期限内享受减税或免税时,该项减税或免税应视为按全额支付。②

由于上述税收优惠饶让机制所针对的税收优惠范围宽泛,所以一般情况下即便来源国国内法中的税收优惠规定发生了变化,也不会影响缔约国双方实施协定中约定的税收饶让制度。自《中国和保加利亚税收协定》(1989)生效以来,中国已经几次修订《企业所得税法》,但是对于中国"现行法律和规定"有所规定的税收优惠政策,都可以适用上

---

① 根据世界银行的统计数据,保加利亚2013年的GDP约为558.4亿美元,而中国2013年的GDP约为9.57万亿美元。参见世界银行数据库,http://data.worldbank.org/indicator/NY.GDP.MKTP.CD?order=wbapi_data_value_1986%20wbapi_data_value&sort=desc。

② 《中国和保加利亚税收协定》(1989)第22条第3款。

述税收优惠饶让机制在保加利亚进行抵免。尽管《中国和保加利亚税收协定》(1989)未规定固定比例抵免机制,但由于上述税收优惠饶让机制所针对的税收优惠范围宽泛,当来源国提供税收优惠而降低预提所得税税率时,纳税人也受益于该税收优惠饶让机制。

《中国和保加利亚税收协定》(1989)第22条第1款(b)项还规定了间接税收抵免法,即"从保加利亚取得的所得是保加利亚居民公司支付给中国居民公司的股息,同时该中国居民公司拥有支付股息公司资本不少于百分之十的,该项抵免应考虑支付该股息公司就该项所得缴纳的保加利亚税收"。由于在适用该间接税收抵免和上述税收优惠饶让机制时,中国投资者可以抵免其在保加利亚所投资企业的所得税,因此也可以受益于后者所享受的保加利亚企业所得税优惠。[①] 所以,《中国和保加利亚税收协定》(1989)中的税收优惠饶让机制,理论上而言,应该能吸引中国投资者到保加利亚设立企业、提供贷款和许可技术。

4. 塞浦路斯

塞浦路斯于2004年5月1日成为欧盟成员国。《中国和塞浦路斯税收协定》(1990)于1990年10月25日签订,当时塞浦路斯GDP约为中国GDP的0.25%。[②]

《中国和塞浦路斯税收协定》(1990)采用了双边互惠税收饶让制度,形式上既采用了税收优惠饶让机制,也采用了固定比例抵免机制。具体条款如下:

[①] See Bulgaria Corporate Taxation, http://online.ibfd.org/kbase/#topic=doc&url=%252Fhighlight%252Fcollections%252Fcta%252Fhtml%252Fcta_bg_s_001.html&q=bulgaria+tax+incentive+incentives+taxes&WT.z_nav=outline&colid=4916&hash=cta_bg_s_1.9.

[②] 根据世界银行的数据,塞浦路斯2013年的GDP约为239.6亿美元,中国2013年的GDP约为9.57万亿美元。参见世界银行数据库,http://data.worldbank.org/indicator/NY.GDP.MKTP.CD?order=wbapi_data_value_1986%20wbapi_data_value&sort=desc。

第十条　股息

二、然而,这些股息也可以在支付股息的公司是其居民的缔约国,按照该缔约国法律征税。但是,如果收款人是股息受益所有人,则所征税款不应超过股息总额的百分之十。本款规定,不应影响对该公司支付股息前的利润所征收的公司利润税。

第十一条　利息

二、然而,这些利息也可以在该利息发生的缔约国,按照该缔约国的法律征税。但是,如果收款人是利息受益所有人,则所征税款不应超过利息总额的百分之十。

第十二条　特许权使用费

二、然而,这些特许权使用费也可以在其发生的缔约国,按照该缔约国的法律征税。但是,如果收款人是特许权使用费受益所有人,则所征税款不应超过特许权使用费总额的百分之十。

第二十四条　双重征税的消除方法

三、本条第一款和第二款所述在缔约国一方缴纳的税额,应视为包括假如没有按照该缔约国为促进经济发展的法律规定给予税收减免,或其他税收优惠而本应缴纳的税额。在第十条第二款、第十一条第二款和第十二条第二款规定的情况下,该税额应视为股息、利息和特许权使用费总额的百分之十。

根据上述固定比例抵免机制条款,来源国对非居民的股息、利息和特许权使用费收入可征收税率被限定为不超过10%,但是居民国承诺按照10%固定比例来抵免来源国预提所得税。从上述固定比例抵免机制条款文本来看,纳税人似乎无法从中受益,因为协定规定的最高预提所得税税率与固定抵免比例相同。然而,当来源国的法定预提所得税税率较低或者来源国因提供税收优惠而减免征税时,来源国实际所征税率仍可能低于10%固定抵免比例。

《中国和塞浦路斯税收协定》(1990)中的上述税收优惠饶让机制条款规定得非常宽泛,只要求来源国税收优惠应是"促进经济发展的法律规定",这为缔约国双方修订其国内法中的税收优惠措施提供了极大的灵活性。自《中国和塞浦路斯税收协定》(1990)缔结以来,中国已经多次修改所得税法,但新制定的税收优惠措施和修订后的税收优惠措施,都可以自动地被涵盖在上述税收饶让机制的适用范围之内,无须获得塞浦路斯政府事先的同意,只要中国的税收优惠措施是由促进经济发展的法律所规定的。

在《中国和塞浦路斯税收协定》(1990)中,塞浦路斯和中国都明确承诺了采用间接税收抵免,因此居民在缔约国另一方缴纳的股息红利收入税收,也可以抵免在缔约国另一方所投资企业的所得税。这意味着塞浦路斯和中国所实施的税收优惠措施不仅可以针对对方投资者,也可以针对对方投资者在本国设立企业的税收。

5. 葡萄牙

葡萄牙于1986年1月1日成为欧盟成员国,并于1998年4月21日与中国缔结了《中国和葡萄牙税收协定》(1998),当时葡萄牙GDP约为中国GDP的12%。[①] 2013年,葡萄牙GDP约为中国GDP的2.4%。[②]

[①] 根据世界银行的数据,1998年葡萄牙的GDP约为1239.5亿美元,而中国的GDP约为1.03万亿美元。参见世界银行数据库,http://data.worldbank.org/indicator/NY.GDP.MKTP.CD?order=wbapi_data_value_1986%20wbapi_data_value&sort=desc。

[②] 根据世界银行的数据,2013年葡萄牙的GDP约为2264.3亿美元,中国的GDP约为9.57万亿美元。参见世界银行数据库,http://data.worldbank.org/indicator/NY.GDP.MKTP.CD?order=wbapi_data_value_1986%20wbapi_data_value&sort=desc。

(1) 税收饶让条款

《中国和葡萄牙税收协定》(1998)采用了双边互惠的税收饶让制度,所采用的形式是税收优惠饶让机制,葡萄牙和中国都承诺将饶让对方因税收优惠所减免的税款,但前提是该税收优惠必须附有一定的实施时限并且是为了促进经济发展的目的。《中国和葡萄牙税收协定》(1998)中规定的税收饶让制度的条款如下:

> 第一款和第二款所述在缔约国一方缴纳的税收,应视为包括假如没有按照该缔约国为促进经济发展的法律规定给予限期税收减免,或其他税收优惠而本应缴纳的税额。

这种宽泛的税收优惠适用范围条款,为葡萄牙和中国修订已有税收优惠政策和制定新优惠措施,都提供了灵活性。由于在《中国和葡萄牙税收协定》(1998)中,中国明确承诺实施间接抵免法避免双重征税,①符合条件的中国投资者还可抵免在葡萄牙所投资企业的所得税,所以也能受益于葡萄牙向外商投资企业提供的税收优惠。

(2) 日落条款

与上述四个欧盟成员国的税收饶让条款不同,《中国和葡萄牙税收协定》(1998)中的税收饶让条款被附加了10年的有效期,具体规定如下:"本款规定应仅适用于第七条、第十条、第十一条和第十二条所述所得,并应仅适用于本协定生效后第一个十年。缔约国双方主管当局可通过协商延长该期限。"②

鉴于《中国和葡萄牙税收协定》(1998)于2001年1月1日生效,该税收饶让条款应于2011年底期满。葡萄牙和中国虽然可以合意延长

---

① 《中国和葡萄牙税收协定》(1998)第23条第1款(b)项。
② 《中国和葡萄牙税收协定》(1998)第23条第3款。

上述税收饶让条款的有效期,但是至今尚未见到中葡两国公布任何日落条款延期信息。中国《企业所得税法》于 2008 年 1 月 1 日生效后,废除了针对外国投资者和外商投资企业的税收优惠政策,因此中国不再有主动要求延长日落条款的税收动因。葡萄牙目前实施着种类繁多的税收优惠措施,包括针对亚速尔群岛和马德拉群岛自由贸易区的税收优惠措施、研发税收抵免、重组税收优惠、就业激励措施、中小型企业税收优惠、投资特别抵免措施等。① 因此,葡萄牙更有可能要求延长日落条款,旨在确保其税收优惠措施能惠及中国投资者。

(二) 单边饶让机制

6 个欧盟成员国在与中国缔结双边税收协定时,作出了单方税收饶让承诺,②所采用的形式都是固定比例抵免机制。根据缔约国双方在税收协定中是否对税收饶让制度附加了日落期限,可以分为以下两类。

1. 附日落期限的税收饶让制度

《中国和瑞典税收协定》(1986)③、《中国和西班牙税收协定》

---

① 参见 IBFD 数据库, http://online.ibfd.org/kbase/#topic = doc&url = /collections/gtha/html/gtha_pt_s_001.html&q = portugal%20portugals&WT.z_nav = outline。
② 与中国在税收协定中承诺单边税收饶让制度的 6 个欧盟成员国分别是瑞典(1986)、波兰(1988)、西班牙(1990)、奥地利(1991)、匈牙利(1992)和卢森堡(1994)。
③ 《中国和瑞典税收协定》(1986)第 10 条第 2 款、第 11 条第 2 款、第 12 条第 2 款和第 23 条第 3 款、第 23 条第 4 款和第 23 条第 5 款。

(1990)①、《中国和卢森堡税收协定》(1994)②的税收饶让制度都附加了日落期限,分别为 10 年(瑞典和西班牙)和 15 年(卢森堡),但经中国和缔约国另一方合意可以延长。目前尚无公开信息表明缔约双方已就延长日落期限达成了合意,因此尽管这三个税收协定仍然有效,但其中的税收饶让条款是否仍能继续实施是存疑的。

在《中国和瑞典税收协定》(1986)、《中国和西班牙税收协定》(1990)以及《中国和卢森堡税收协定》(1994)中,所采用的固定比例抵免机制一方面限定了来源国可征收的最高预提所得税税率,另一方面又为居民国设定了较高的固定抵免比例(如表 6-2 所示)。

表 6-2 附有日落期限的单边饶让机制

固定比例抵免机制		《中国和瑞典税收协定》(1986)	《中国和西班牙税收协定》(1990)	《中国和卢森堡税收协定》(1994)
限制来源国征收预提所得税的最高税率	股息	5%/10%	10%	5%/10%
	利息	10%	10%	10%
	特许权使用费	10%	10%	10%
赋予居民国按固定比例抵免的义务	股息	15%	15%	10%
	利息	10%	10%	10%
	特许权使用费	15%/5%	15%	10%
日落期限		10 年	10 年	15 年

---

① 《中国和西班牙税收协定》(1990)第 10 条第 2 款、第 11 条第 2 款、第 12 条第 2 款和第 24 条第 1 款(c)项。

② 《中国和卢森堡税收协定》(1994)第 10 条第 2 款、第 11 条第 2 款、第 12 条第 2 款和第 24 条第 2 款(d)项。

2. 未附日落期限的税收饶让制度

《中国和奥地利税收协定》(1991)①和《中国和匈牙利税收协定》(1992)②所采用的是固定比例抵免机制,一方面限制来源国可征收的预提所得税税率,另一方面赋予居民国按照较高固定比例抵免来源国所得税的义务,并且未对该固定比例抵免机制附加任何日落期限(如表 6-3 所示)。

表 6-3　未附日落期限的单边饶让机制

固定比例抵免机制		《中国和奥地利税收协定》(1991)	《中国和匈牙利税收协定》(1992)
限制来源国征收的预提所得税最高税率	股息	7%或 10%	10%
	利息	10%	10%
	特许权使用费	10%	10%
税收协定约定的固定抵免比例	股息	10%	20%
	利息	10%	不适用
	特许权使用费	20%	不适用

《中国和波兰税收协定》(1988)也规定了固定比例抵免机制,并且也未对该固定比例抵免机制附加任何日落期限。但是《中国和波兰税收协定》(1988)所规定的居民国应适用的固定抵免比例,与该协定所限定的来源国可征收最高预提所得税税率相同,都为 10%。③ 这意味着除非中国作为来源国实际征收的预提所得税税率低于 10%,否则波兰居民将无法受益于该协定中规定的固定比例抵免机制。

---

① 《中国和奥地利税收协定》(1991)第 10 条第 2 款、第 11 条第 2 款、第 12 条第 2 款和第 24 条第 2 款(c)项、第 24 条第 5 款。
② 《中国和匈牙利税收协定》(1992)第 10 条第 2 款、第 11 条第 2 款、第 12 条第 2 款和第 23 条第 2 款(d)项、第 23 条第 5 款。
③ 《中国和波兰税收协定》(1988)第 10 条第 2 款、第 11 条第 2 款、第 12 条第 2 款。

（三）未采用税收饶让制度的欧盟成员国

目前有 16 个欧盟成员国[①]与中国的双边税收协定并未采用税收饶让制度。其中 7 个成员国在与中国缔结第一份税收协定时，采用单边或互惠形式的税收饶让制度。但是在 2009 年至 2014 年期间，当这些成员国陆续与中国缔结新的税收协定时，在新税收协定中未继续采用任何税收饶让制度。（如表 6-4 所示）。

表 6-4　新税收协定中未继续采用税收饶让制度的欧盟成员国

税收协定	税收饶让制度	日落条款	被新税收协定取代
a）单边税收饶让制度			
《中国和法国税收协定》（1984）	固定比例抵免机制		《中国和法国税收协定》（2013）
《中国和比利时税收协定》（1985）	税收优惠饶让机制和固定比例抵免机制	10 年	《中国和比利时税收协定》（2009）
《中国和德国税收协定》（1985）	固定比例抵免机制		《中国和德国税收协定》（2014）
《中国和丹麦税收协定》（1986）	税收优惠饶让机制和固定比例抵免机制		《中国和丹麦税收协定》（2012）
《中国和芬兰税收协定》（1986）	税收优惠饶让机制和固定比例抵免机制		《中国和芬兰税收协定》（2010）
《中国和荷兰税收协定》（1987）	固定比例抵免机制		《中国和荷兰税收协定》（2013）

---

① 16 个欧盟成员国在与中国签订的税收协定中没有采用税收饶让制度，这些成员国分别是克罗地亚（1995）、斯洛文尼亚（1995）、立陶宛（1996）、拉脱维亚（1996）、爱沙尼亚（1998）、罗马尼亚（1991）、比利时（2009）、芬兰（2010）、爱尔兰（2000）、希腊（2002）、捷克（2009）、马耳他（2010）、丹麦（2012）、法国（2013）、荷兰（2013）以及德国（2014）。

(续表)

税收协定	税收饶让制度	日落条款	被新税收协定取代
b) 双边税收饶让制度			
《中国和马耳他税收协定》(1993)	税收优惠饶让机制和固定比例抵免机制		《中国和马耳他税收协定》(2010)

  中国与上述欧盟成员国在新税收协定中未继续采用税收饶让制度,原因可能是中国在2008年取消了针对外国投资者和外商投资企业的税收优惠措施,因此中国失去了在协定谈判中坚持要求采用税收饶让制度的动力。从欧盟成员国的立场而言,一些成员国从采用境外税收抵免法改为采用境外收入免税法,所以即便其税收协定未采用税收饶让制度,作为居民国时这些国家也不再对境外收入征税,因此不会产生削弱来源国税收优惠措施的效果。所以当中国与这些欧盟成员国谈判缔结新税收协定时,处于来源国立场而言,中国已经没有必要主张在税收协定中采用税收饶让制度。

三、技术性分析:税收饶让制度对中国和欧盟成员国的影响

(一) 从居民国角度分析税收饶让制度对中国的影响

  中国的"走出去"政策旨在鼓励中国居民向海外投资,但是中国仍

采用对全球所得征税制度和境外税收抵免法,这影响了中国投资者在海外市场上的竞争力,可能也会影响一些投资者决定是否将海外利润汇回中国。《企业所得税法》中所规定的境外税收抵免法,是对已在境外缴纳的所得税税额可以从其当期应纳税额中抵免,抵免限额为该项所得依照《企业所得税法》规定,按照分国(地区)不分项原则计算的应纳税额;对于超过抵免限额的部分,可以在以后五个年度内,用每年度抵免限额抵免当年应抵税额后的余额进行抵补。① 制定这种抵免法的理论依据是资本输出中性原则,即除非来源国税负高于我国税负,否则我国居民跨国投资所得的最终税负水平应与我国的税收水平持平,其立法目的是在税收政策上保持中性,不干扰我国居民选择在本国投资还是到境外投资,因为无论选择在哪里投资,其总体税收负担都应无差别,除非来源国税负高于我国税负。② 所以中国投资者不能将从某一高税率欧盟成员国所获收入与从另一低税率欧盟成员国所获收入进行合并抵免。这就意味着当欧盟成员国通过提供税收优惠的方式来降低该国的实际有效税率时,除非该国与中国的税收协定规定了相关的税收饶让条款,否则中国所适用的"分国不分项"形式境外税收抵免法必将抵消来源国税收优惠的效力。换言之,若中国投资者希望保留来源国减免的税款,就会更倾向于到那些与中国签订了税收饶让协定的欧盟成员国开展经济活动。

从中国缔结的双边税收协定文本来看,一般仅笼统地规定了税收饶让机制的基本内容,对于如何实施这些税收饶让条款,仍需要缔约国

---

① 《企业所得税法》第 23 条和 24 条、《关于企业境外所得税收抵免有关问题的通知》(财税[2009]125 号)、《企业境外所得税收抵免操作指南》(国家税务总局公告 2010 年第 1 号)。

② See Richman,P. B., Taxation of Foreign Investment Income—An Economic Analysis, Baltimore, The Johns Hopkins Press, 1963.

双方制定相应的国内法律。目前中国国内税法中并无针对税收饶让制度的专门性规定,《企业所得税法》第23条规定的境外税收直接抵免法主要适用于中国居民企业取得的境外利润和股息、红利等权益性投资所得①;《企业所得税法》第24条所规定的境外税收间接抵免法主要适用于在境外子公司持有了一定股份的中国居民企业。②

1. 境外税收直接抵免法

根据《企业所得税法》第23条,中国投资者可以采用境外税收直接抵免法,用其来源国税收抵免在中国应纳所得税税额。由于中国的境外税收抵免法采用的是"分国(地区)不分项"原则,纳税人来自同一国家的收入将被允许综合计算,无须区分主动型收入和被动型收入,但是不允许将不同来源国税收综合计算在中国的可抵免额度内,所以纳税人当年未抵免完的来源国税额只能向后结转五年。

来源国税收在中国的可抵免限额,按以下公式计算:

$$境外税收抵免法限额 = A \times B \div C$$

其中:

A = 中国居民企业在全球范围内应税收入所应缴纳的所得税总额

B = 源自某一国家的应税收入

C = 全球应税收入总额

---

① 《企业所得税法》第23条:"企业取得的下列所得已在境外缴纳的所得税税额,可以从其当期应纳税额中抵免,抵免限额为该项所得依照本法规定计算的应纳税额;超过抵免限额的部分,可以在以后五个年度内,用每年度抵免限额抵免当年应抵税额后的余额进行抵补:(一)居民企业来源于中国境外的应税所得;(二)非居民企业在中国境内设立机构、场所,取得发生在中国境外但与该机构、场所有实际联系的应税所得。"

② 《企业所得税法》第24条:"居民企业从其直接或者间接控制的外国企业分得的来源于中国境外的股息、红利等权益性投资收益,外国企业在境外实际缴纳的所得税税额中属于该项所得负担的部分,可以作为该居民企业的可抵免境外所得税税额,在本法第二十三条规定的抵免限额内抵免。"

上述公式中的"全球应税收入总额"是指根据《企业所得税法》规定,中国居民企业来源于中国境内和境外的所得,而"中国居民企业在全球范围内应税收入所应缴纳的所得税总额"是指纳税人在全球范围内的应纳税所得额,适用《企业所得税法》规定的法定税率25%。

2. 境外税收间接抵免法

根据《企业所得税法》第24条,中国投资者还可以适用境外税收间接抵免法,抵免境外子公司在来源国缴纳的企业所得税,计算公式如下:

$$可归属于上级企业的税款 = (A+B) \times C \div D$$

其中:

A = 当前层级企业的利润和投资收益所缴纳的税款

B = 下级企业所缴纳的并可归属于本级企业的税款

C = 汇入上级企业的股息

D = 当前层级企业的税后利润

境外税收间接抵免法只适用于中国投资者直接和间接合计持有境外子公司20%以上的股份或符合税收协定中规定的较低比例,并且境外子公司必须是从其税后利润分配股息。间接抵免法适用的范围仅限于"三层外国公司",即一个中国企业应直接持有第一层外国公司20%以上的股份,第一层和第二层中至少有一个外国公司应持有下一层外国公司20%以上的股份。

如果中国和来源国在双边税收协定中所规定的是低于20%的持股比例门槛,则中国投资者就来源于该国的股息收入将可以适用税收协定规定的持股比例门槛。例如在《中国和斯洛伐克税收协定》(1987)①、《中国和塞浦路斯税收协定》(1990)②、《中国和西班牙税收协定》(1990)③、《中国和罗马尼亚税收协定》(1991)④以及《中国和奥地利税收协定》(1991)⑤中,都将间接抵免的持股门槛规定为10%。于是根据《企业所得税法》明确规定的协定条款优先适用原则,中国投资者对于来源于这些缔约国的股息收入可根据上述协定适用这些较低的持股比例门槛。

中国的一些双边税收协定未明确是否适用间接抵免法,例如《中国和希腊税收协定》(2002)、《中国和斯里兰卡税收协定》(2003)和《中国和沙特阿拉伯税收协定》(2006)。那么中国投资者获得来源于这些国家的股息收入时,是否可以适用间接抵免法?对于这个问题,《企业所得税法》尚无明确规定。笔者认为,相较于这些税收协定所规定的境外税收直接抵免法,《企业所得税法》第24条所规定的境外税收间接抵免法更有益于纳税人。尽管税收协定优先适用,但是不应该剥夺纳税人适用更为有利的避免双重征税方法。因此,除非中国与缔约国另一方在税收协定中明确排除适用《企业所得税法》第24条规定,否则中国投资者在抵免来源国税收时应该可以适用境外税收间接抵免法。

---

① 参见《中国和斯洛伐克税收协定》(1987)第23条第2款(b)项规定:"从捷克斯洛伐克取得的所得是捷克斯洛伐克居民公司支付给中国居民公司的股息,同时该中国居民公司拥有支付股息公司股份不少于百分之十的,该项抵免应考虑支付该股息公司就该项所得缴纳的捷克斯洛伐克税收。"
② 参见《中国和塞浦路斯税收协定》(1990)第23条第1款(b)项。
③ 参见《中国和西班牙税收协定》(1990)第24条第2款(b)项。
④ 参见《中国和罗马尼亚税收协定》(1991)第23条第2款(b)项。
⑤ 参见《中国和奥地利税收协定》(1991)第24条第1款(b)项。

3. 受控外国企业制度

如果中国投资者可以通过推迟汇回境外收入的方式来推迟在中国的纳税义务,那么即便中国与来源国在税收协定中未约定采用税收饶让制度,中国投资者也能够通过推迟汇回境外收入的方式来享受来源国的税收减免优惠。2008年生效的《企业所得税法》首次采用了受控外国企业制度,即中国视同受控外国企业已向中国居民股东分配股息,从而对中国居民股东就该股息收入进行当期征税。中国的受控外国企业制度包含两个要素:一是受控外国企业必须受中国居民股东的控制。二是受控外国企业必须位于实际有效税率明显低于中国企业所得税法定税率(即25%)的税收辖区。

(1) 控制测试

控制测试是为了确定外国企业是否被中国居民企业或中国居民企业与中国居民个人(以下统称"中国居民股东")所控制。如果外国企业通过了持股比例测试或有效控制测试,该外国企业就被认定通过了控制测试。

一是持股比例测试:在纳税年度的任何一天,中国居民股东直接或间接持有受控外国企业超过10%股份或投票权,或与其他中国居民股东一起持有受控外国企业超过50%股份。中国居民股东的间接多层持股是通过乘以每一层的持股比例来计算的,若中间股东持有下层实体50%以上的股份,则假定该股东持有所有的股份。二是有效控制测试:中国居民股东对外国企业的人员、资产、业务经营、采购、销售和其他事项可以进行有效的控制。

(2) 低税辖区测试

如果外国企业的实际有效税率等于或低于《企业所得税法》第4

条第 1 款规定的中国企业所得税税率(即 25%)的一半,则该外国企业就被认为处于低税率辖区。受控外国企业制度考察的是每个受控外国企业的实际有效税率,而不是外国企业所在辖区的法定税率,因此受控外国企业所享受的税收优惠(例如低税率或税收减免等)也计入用于计算受控外国企业的实际有效税率。

(3) 例外情况

即便一家外国企业通过了上述控制测试和低税辖区测试就构成了受控外国企业,但如果满足下列任一例外情况,中国居民股东仍可免于将该受控外国企业的未分配利润计入其当期应纳税所得额:一是受控外国企业位于白名单辖区;二是受控外国企业从事的是积极商业运营活动;三是受控外国企业的年利润总额低于 500 万元人民币。

关于白名单辖区,国家税务总局在 2009 年将以下国家列为白名单辖区:美国、英国、法国、德国、日本、意大利、加拿大、澳大利亚、印度、南非、新西兰和挪威。如果受控外国企业位于任一上述白名单税收辖区,即便通过了上述控制测试和低税辖区测试,中国居民股东也可被免于受控外国企业制度的约束。对于积极商业活动例外,中国法律并未明确规定哪些活动构成积极商业活动,因此由中国居民股东承担举证义务,例如受控外国企业的主要年收入应来自其从事积极商业经营活动,而非利息、股息和特许权使用费等被动型收入。对于年度总利润低于 500 万元人民币例外,这是一个直接的客观标准,便于中国税务机关进行税收征管和中国居民股东履行税收遵从义务。

(二) 从来源国角度分析税收饶让制度
对欧盟成员国的影响

根据欧盟的统计数据①,欧盟成员国企业所得税的平均税率从1995年到2009年逐年下降,但是自2010年以来基本持平。与此同时,欧盟成员国的法定企业所得税税率差异较大,保加利亚的企业所得税税率仅为10%,而比利时、德国、西班牙、法国、意大利和葡萄牙的法定企业所得税税率都超过了30%。② 由于东道国的有效平均税率可能会影响外国投资者的投资选址决策,而在计算有效平均税率时,通常既需要考虑东道国的法定税率,也需要考虑东道国提供的税收优惠。Holland和Vann认为,当外国投资者将某一区域作为投资目的地时,该区域中自然禀赋相近国家所提供的税收优惠措施,有可能会影响外国投资者的选址决策。③ 欧盟是验证该理论的合适样本,因为欧盟成员国的非税收因素较为相似,而且根据欧盟内部市场规则,中国投资者在欧盟任何一个成员国设立企业时,其产品和服务都可以销售到整个欧盟市场,所以欧盟成员国提供的税收优惠有可能影响中国投资者的选址决策。

1. 欧盟成员国的税收优惠措施

欧盟成员国所提供的税收优惠形式多样,适用对象既有外国投资

---

① See Eurostat, Taxation Trends in the European Union, 2014.
② 2014年,有8个欧盟成员国的法定企业所得税税率高于中国,分别为比利时(34%)、德国(30.2%)、希腊(26%)、西班牙(30%)、法国(38%)、意大利(31.4%)、葡萄牙(31.5%)和挪威(27%)。
③ See Holland and Vann, Income Tax Incentives for Investment, in V. Thuronyi (ed.), Tax Law Design and Drafting, International Monetary Fund, Vol.2, 1998.

者,也有欧盟企业,这些税收优惠措施能降低成员国的实际有效税率。例如,保加利亚的实际企业所得税税率仅为9%,拉脱维亚的实际企业所得税税率为12.1%,都远低于这些成员国的企业法定所得税税率。① 但是中国投资者是否能真正受益于欧盟成员国的税收优惠措施,理论上而言,税收协定中的税收饶让条款应该发挥关键作用。

鉴于中国仍采用对全球所得税征税制度和境外税收抵免法,如果中国与欧盟成员国未在税收协定中约定税收饶让制度,则中国投资者将无法抵免欧盟成员国所减免的税收。然而在27个欧盟成员国中,目前只有保加利亚、塞浦路斯和葡萄牙与中国在税收协定中采用了双边互惠的税收优惠饶让机制,因此中国投资者能够抵免上述3国因提供税收优惠所减免的来源国税收。而剩余的24个欧盟成员国,无论其税收优惠措施所针对的是外国投资者还是欧盟企业,并无法惠及中国投资者。这一事实也证明了税收饶让制度在确保来源国税收优惠效果方面的重要性。税收优惠机制是可以直接用于确保税收优惠效果的协定机制,而且可以涵盖来源国提供给外国投资者和来源国企业的所得税收优惠。固定比例抵免机制也能在一定程度上确保纳税人受益于一些税收优惠,但前提是来源国提供税收优惠将其法定预提所得税税率降至低于税收协定中约定的固定抵免比例。

2. 欧盟成员国的预提所得税税率

当欧盟成员国处于来源国角色对支付给非居民的股息、利息和特许权使用费征收预提所得税时,非居民纳税人能受益于固定比例抵免机制,可以获得协定最高预提所得税税率与固定抵免比例之间的差额税负。表6-5总结中国与欧盟成员国之间的预提所得税税率与固定抵免比例的关系,展示中国税收居民如何受益于固定比例抵免机制。

---

① See Eurostat, Taxation Trends in the European Union, 2014.

表 6-5 欧盟成员国的法定预提所得税税率与税收协定规定的最高预提所得税税率和固定抵免比例

欧盟来源国	法定预提所得税税率			税收协定规定的最高预提所得税税率			税收协定规定的固定抵免比例		
	股息	利息	特许权使用费	股息	利息	特许权使用费	股息	利息	特许权使用费
(1) 税收协定中的固定抵免比例高于协定规定的最高预提所得税税率									
奥地利	25%	0	0/20%	7%/10%	10%	10%	10%	10%	20%
塞浦路斯	0	0	0/5%/10%	10%	10%	10%	10%	10%	10%
意大利	0/1.375%/20%	0/12.5%/20%	30%	10%	10%	10%	10%	10%	15%
匈牙利	0	0	0	10%	—	10%	20%	—	—
卢森堡	15%	0/15%	0/20%	5%/10%	10%	10%	10%	10%	10%
波兰	19%	0/20%	0/19%	10%	10%	10%	10%	10%	10%
斯洛伐克	0	0/19%	0/24.75%	10%	10%	10%	15%	10%	20%
西班牙	21%	0/21%	0	10%	10%	10%	10%	10%	15%
瑞典	30%	0	0	5%/10%	10%	10%	10%	10%	20%
(2) 法定预提所得税税率低于税收协定规定的最高预提所得税税率									
比利时	10%/25%	0/25%	0/25%	5%/10%	10%	7%	—	—	—
保加利亚	5%	0/5%/10%	5%/10%	10%	10%	7%/10%	—	—	—
克罗地亚	12%	0/15%	15%	5%	10%	10%	—	—	—
捷克	15%/35%	0/15%/35%	0/15%/35%	5%/10%	7.50%	10%	—	—	—
丹麦	27%	0/25%	0/25%	5%/10%	10%	10%	—	—	—

（续表）

欧盟来源国	法定预提所得税税率			税收协定规定的最高预提所得税税率			税收协定规定的固定抵免比例		
	股息	利息	特许使用费	股息	利息	特许使用费	股息	利息	特许使用费
爱沙尼亚	21%	0	0/10%	5%/10%	10%	10%	—	—	—
芬兰	20%	0/20%	0/20%	5%/10%	10%	10%	—	—	—
法国	0/15%/30%/75%	0/75%	0/33.33%/75%	5%/10%	10%	10%	—	—	—
德国	25%	0/25%	0/15%	5%/10%/15%	10%	10%	—	—	—
希腊	10%	0/15%	0/20%	5%/10%	10%	10%	—	—	—
爱尔兰	20%	0/20%	0/20%	5%/10%	10%	10%	—	—	—
拉脱维亚	15%	0/5%/10%/15%	0/15%	5%/10%	10%	10%	—	—	—
立陶宛	15%	0/10%	0/10%	5%/10%	10%	10%	—	—	—
马耳他	0	0	0	5%/10%	10%	10%	—	—	—
荷兰	15	0/15%	0	5%/10%	10%	10%	—	—	—
葡萄牙	25%/35%	0/25%/35%	0/25%/35%	10%	10%	10%	—	—	—
罗马尼亚	16%/50%	0/16%/50%	0/16%/50%	10%	10%	7%	—	—	—
斯洛文尼亚	15%	0/15%	0/15%	5%	10%	10%	—	—	—

从表 6-5 中可见,欧盟成员国对于非居民支付股息、利息和特许权使用费时所征收的预提所得税税率差别很大,例如意大利对股息适用的预提所得税税率是 1.375%,法国对利息适用的预提所得税税率是 75%,而塞浦路斯、匈牙利、马耳他则对支付给非居民的股息、利息或/和特许权使用费免于征收预提所得税。欧盟成员国与中国在双边税收协定中,针对股息、利息和特许权使用费所约定的最高预提所得税税率基本上在 5% 至 20% 之间,有一些协定税率高于欧盟成员国的法定税率,但也有些协定税率低于欧盟成员国的法定税率。

在 27 个欧盟成员国中,有 9 个国家在与中国的税收协定中采用了固定比例抵免机制,其共同特点是固定比例都高于这些欧盟成员国的法定预提所得税税率以及协定规定的来源国可征收最高预提所得税税率,这意味着中国投资者应该可以受益于固定比例抵免机制。然而在这 9 个国家中,只有塞浦路斯、意大利和斯洛伐克与中国采用了双边互惠的固定比例抵免机制,即中国和缔约另一方都承诺以固定比例来抵免来源国税收。而剩余 6 个国家的税收协定规定的都是单边的固定比例抵免机制,即仅由这 6 个欧盟成员国承诺了以固定抵免比例抵免中国税收,所以当这 6 个欧盟成员国处于来源国地位时,中国并无义务实施固定比例抵免机制。换言之,中国投资者并不能受益于上述 6 个税收协定中的固定比例抵免机制。剩余 18 个与中国签订了税收协定的欧盟成员国,都未在税收协定中与中国约定任何税收饶让制度,这意味着中国将仅允许中国居民抵免在这些欧盟成员国实际缴纳的所得税税款,因此中国投资者在向这些欧盟成员国投资时,可能会顾虑其回国补税时导致税收负担增加。

（三）税收饶让制度对协定中
税权分配条款的影响

在讨论税收饶让制度对欧盟成员国和中国的影响时，也有必要讨论欧盟成员国和中国在双边税收协定中约定的税权分配条款，因为这些税权分配条款将决定来源国和居民国是否可以分享征税权，进而影响居民国适用境外税收抵免法时可获得的"剩余"征税权。如果税收协定中没有采用税收饶让制度，居民国境外税收抵免法将无可避免地成为来源国减免所得税时的一个顾虑因素。当欧盟成员国和中国都被分配了对同一收入的征税权时，中国作为居民国时将有义务适用境外税收抵免法来避免双重征税，因此中国的境外税收抵免法将成为欧盟成员国对中国投资者提供税收减免时的顾虑之一。

中国作为世界上最大的资本进口国之一，在与资本出口国谈判和实施税收协定时，主要处于来源国的地位，因此中国在税收协定的分配征税权方面遵循了《联合国范本》的许多条款，《联合国范本》的立场是要保护来源国的税收利益。随着中国逐步成为一个资本输出国，早期参照《联合国范本》而采用的税权分配规则，可能与中国当前的税收利益冲突。《OECD 范本》则为居民国保留了更多的排他性征税权和剩余征税权，因为该范本最初是为在工业化程度和经贸往来水平都比较相近的 OECD 成员之间使用的。因此，如果中国预计其对外投资将达到 OECD 国家水平，那么中国在税收协定中采用《OECD 范本》中的税权分配规则是否会更为明智？

在欧盟的 27 个成员国中,有 19 个同时也是 OECD 成员国。① 当这些国家主要处于资本输出国(即居民国)角色时,它们可能更愿意采用《OECD 范本》条款来限制来源国征税权。但是在目前发展中国家向发达国家投资不断增长的新趋势下,这些欧盟成员国也会处于来源国地位,因此它们也需要从《联合国范本》中借鉴一些税权分配规则,来保护这些国家作为来源国时的税收利益。基于上述原因,以下段落将分析欧盟成员国和中国的税收协定中三种具有代表性的税权分配规则:一是对非居民营业利润征税时适用的常设机构条款,二是对被动型收入征税时限定的最高预提所得税税率,三是对其他收入征税条款。

1. 营业利润

《OECD 范本》和《联合国范本》都将对非居民企业从来源国获得的营业利润征税权完全地分配给居民国,除非该非居民企业是通过常设机构在来源国开展业务。《OECD 范本》和《联合国范本》的区别在于对常设机构的认定标准。为了保护来源国的征税权,《联合国范本》将更多的商业活动认定为常设机构。下面举两个例子:(1) 建筑工地或建筑安装项目何时构成常设机构;(2) 通过雇员提供的服务是否构成常设机构。

(1) 建筑工地

《OECD 范本》和《联合国范本》都规定,如果一个建筑工地或建筑安装项目在来源国持续了一定时间,该建筑工地或安装项目就构成常设机构,来源国对该非居民企业来源于该工地或项目的利润将可以优先行使征税权。《OECD 范本》和《联合国范本》的区别在于:建筑安装

---

① 同时也是 OECD 成员国的 19 个欧盟成员国分别是奥地利、比利时、捷克共和国、丹麦、爱沙尼亚、芬兰、法国、德国、希腊、匈牙利、爱尔兰、意大利、卢森堡、荷兰、波兰、葡萄牙、斯洛伐克、西班牙和瑞典。

行为必须持续多长时间才能构成常设机构。《OECD 范本》规定如果持续时间达到 12 个月,那么该建筑工地或建筑安装项目就构成常设机构;而《联合国范本》只要求持续时间达到 6 个月就能构成常设机构。①表 6-6 总结欧盟成员国与中国双边税收协定中的建筑工地常设机构条款,其中 16 个税收协定中的常设机构条款采用了《OECD 范本》中的 12 个月存续期限规定,剩余 11 个税收协定中的常设机构条款采用了《联合国范本》中的 6 个月存续期限规定。②

表 6-6 欧盟成员国与中国双边税收协定中的建筑工地常设机构条款

《OECD 范本》规定的存续期限		12 个月
《联合国范本》规定的存续期限		6 个月
欧盟成员国	税收协定签订年份	构成常设机构的存续期限
瑞典	1986	6 个月
意大利	1986	6 个月
斯洛伐克	1987	6 个月
波兰	1988	6 个月
保加利亚	1989	6 个月
塞浦路斯	1990	12 个月
西班牙	1990	6 个月
罗马尼亚	1991	12 个月
奥地利	1991	6 个月
匈牙利	1992	12 个月
卢森堡	1994	6 个月
克罗地亚	1995	12 个月

---

① See Lennard, The UN Model Tax Convention as Compared with the OECD Model Tax Convention—Current Points of Difference and Recent Developments, IBFD Asia-Pacific Tax Bulletin, January/February 2009.

② See Daurer and Krever, Choosing between the UN and OECD Tax Policy Models: An African Case Study, WU International Taxation Research Paper Series, No. 2014-16.

（续表）

《OECD 范本》规定的存续期限	12 个月
《联合国范本》规定的存续期限	6 个月

欧盟成员国	税收协定签订年份	构成常设机构的存续期限
斯洛文尼亚	1995	12 个月
立陶宛	1996	12 个月
拉脱维亚	1996	12 个月
爱沙尼亚	1998	12 个月
葡萄牙	1998	6 个月
爱尔兰	2000	6 个月
希腊	2002	12 个月
捷克	2009	12 个月
比利时	2009	12 个月
马耳他	2010	12 个月
芬兰	2010	6 个月
丹麦	2012	12 个月
法国	2013	12 个月
荷兰	2013	12 个月
德国	2014	12 个月

建筑工地常设机构条款中这些不同的持续期限，是中国企业在欧盟成员国从事建筑工程建设时的重要考量因素之一。那些在双边税收协定中约定了常设机构较短期限门槛（即 6 个月）的欧盟成员国，当中国企业在这些国家从事建筑工程达到 6 个月时，就可以对中国企业归属于其常设机构的利润征税；而那些在与中国的双边税收协定中采用了《OECD 范本》12 个月持续期限的欧盟成员国，则需要等待中国居民的建筑工程活动达到 12 个月，才能对中国居民在该国的常设机构征税。虽然中国居民在缴纳中国企业所得税时可以适用境外税收抵免法来抵免欧盟来源国税收，但是仅当中国与欧盟来源国在双边税收协定

中采用了税收饶让制度时,欧盟来源国减免的中国居民及其常设机构税收才能在中国被饶让抵免。

(2)服务型常设机构

《联合国范本》规定,对于非居民企业在来源国提供服务的,在任何12个月内累计超过6个月,就被视为在来源国构成了常设机构,来源国可对归属于该常设机构的利润征税。而《OECD范本》不允许来源国将非居民的服务行为认定为常设机构。

表6-7总结了欧盟成员国与中国在双边税收协定中关于服务型常设机构的规定。有22个欧盟成员国与中国在双边税收协定中规定了为期183天、6个月或12个月的服务型常设机构条款。

表6-7 欧盟成员国与中国双边税收协定中的服务型常设机构条款

欧盟成员国	税收协定签订年份	服务型常设机构条款	构成常设机构的存续期间
瑞典	1986	是	任何12个月中达到6个月
意大利	1986	是	任何12个月中达到6个月
斯洛伐克	1987	是	任何12个月中达到6个月
波兰	1988	是	任何12个月中达到6个月
保加利亚	1989	是	任何12个月中达到6个月
塞浦路斯	1990	是	任何24个月中达到12个月
西班牙	1990	是	任何12个月中达到6个月
罗马尼亚	1991	是	任何12个月中达到6个月
奥地利	1991	是	任何12个月中达到6个月
匈牙利	1992	是	12个月
卢森堡	1994	是	任何12个月中达到6个月
克罗地亚	1995	是	任何24个月中达到12个月
斯洛文尼亚	1995	是	12个月

(续表)

欧盟成员国	税收协定签订年份	服务型常设机构条款	构成常设机构的存续期间
立陶宛	1996	否	不适用
拉脱维亚	1996	否	不适用
爱沙尼亚	1998	否	不适用
葡萄牙	1998	是	任何12个月中达到6个月
爱尔兰	2000	否	不适用
希腊	2002	否	不适用
捷克	2009	是	任何12个月中达到9个月
比利时	2009	是	任何12个月中达到183天
马耳他	2010	是	任何12个月中达到183天
芬兰	2010	是	任何12个月中达到183天
丹麦	2012	是	任何12个月中达到183天
法国	2013	是	任何12个月中达到183天
荷兰	2013	是	任何12个月中达到183天
德国	2014	是	任何12个月中达到183天

2. 利息、股息、特许权使用费

《联合国范本》和《OECD 范本》都规定了来源国对支付给非居民的股息、利息和特许权使用费可征收预提所得税的最高税率,区别在于《OECD 范本》仅规定了股息和利息的最高税率,将特许权使用费的专属征税权保留给了居民国,而《联合国范本》则将对特许权使用费的最高预提所得税税率留给缔约国双方在谈判中决定。[①]

---

① See Daurer and Krever, Choosing between the UN and OECD Tax Policy Models: An African Case Study, WU International Taxation Research Paper Series, No. 2014-16.

(1) 股息

《OECD 范本》规定,当非居民股东在支付股息的公司中拥有 25% 或以上的权益时,来源国被要求适用较低的预提所得税税率。根据《联合国范本》的规定,当非居民股东在支付股息的公司中拥有 10% 或以上权益时,来源国将适用较低的税率。

(2) 利息

《OECD 范本》规定对非居民的利息收入可征收的最高预提所得税税率为 10%,《联合国范本》则将对非居民利息收入可征收的最高预提所得税税率留给缔约双方谈判决定。

(3) 特许权使用费

《OECD 范本》完全剥夺了来源国对非居民获得特许权使用费的征税权,即居民国将对特许权使用费拥有专属征税权。《联合国范本》则将来源国对非居民获得特许权使用费可征的最高预提所得税税率留给了缔约国双方谈判决定。

表 6-8 比较了欧盟成员国与中国双边税收协定中所规定的最高预提所得税税率,并且比较了《OECD 范本》和《联合国范本》建议的最高预提所得税税率。

表 6-8 欧盟成员国与中国税收协定规定的最高预提所得税税率与《OECD 范本》和《联合国范本》建议的最高预提所得税税率

	股息	利息	特许权使用费
《OECD 范本》建议的最高预提所得税税率	5%/15%	10%	0%
《联合国范本》建议的最高预提所得税税率	可谈判	可谈判	可谈判

（续表）

	股息	利息	特许权使用费
税收协定中规定的最高预提所得税税率			
奥地利	7%/10%	10%	10%
比利时	5%/10%	10%	7%
保加利亚	10%	10%	7%/10%
克罗地亚	5%	10%	10%
塞浦路斯	10%	10%	10%
捷克	5%/10%	7.50%	10%
丹麦	5%/10%	10%	10%
爱沙尼亚	5%/10%	10%	10%
芬兰	5%/10%	10%	10%
法国	5%/10%	10%	10%
德国	5%/10%/15%	10%	10%
希腊	5%/10%	10%	10%
匈牙利	10%	10%	10%
爱尔兰	5%/10%	10%	10%
意大利	10%	10%	10%
拉脱维亚	5%/10%	10%	10%
立陶宛	5%/10%	10%	10%
卢森堡	5%/10%	10%	10%
马耳他	5%/10%	10%	10%
荷兰	5%/10%	10%	10%
波兰	10%	10%	10%
葡萄牙	10%	10%	10%
罗马尼亚	10%	10%	7%
斯洛伐克	10%	10%	10%
斯洛文尼亚	5%	10%	10%
西班牙	10%	10%	10%
瑞典	5%/10%	10%	10%

比较上述税率可以发现:

第一,对于股息收入,有 11 个双边税收协定在设定最高预提所得税税率时并不区分外商直接投资与证券投资,都采用 5% 或 10% 税率。剩余 16 个双边税收协定则需区分外商直接投资与证券投资,对于非居民获得外商直接投资企业的股息,设定的最高可征预提所得税税率基本上采用了《OECD 范本》建议的 5% 税率;而对于非居民获得证券投资的股息,大多数税收协定规定的最高可征预提所得税税率为 10%,低于《OECD 范本》建议的 15% 税率。

第二,对于利息收入,除《中国和捷克税收协定》(2009)之外,其余 26 个税收协定都采用了《OECD 范本》建议的 10% 预提所得税税率。

第三,对于特许权使用费收入,欧盟成员国与中国的双边税收协定都采用了《联合国范本》的规定,将来源国可征收的最高预提所得税税率设定为 7% 或 10%。

上述分析表明,对于被动型收入的协定最高预提所得税税率,欧盟成员国与中国在税收协定中采用的税权分配规则并未完全遵循《OECD 范本》或《联合国范本》。那些较低的预提所得税税率可能是在中国处于来源国立场时所达成的,因为中国为了吸引外商直接投资而同意采用较低税率,旨在换取在其他条款中的利益,例如采用税收饶让制度、设定较低的常设机构认定标准和分享对其他收入的征税权等。这些较低税率可能不会影响中国的税收收入,因为根据中国当时实施的所得税法,中国对这些被动型收入一般免于征收预提所得税。然而随着 2008 年《企业所得税法》生效,中国对这三种收入适用的预提所得税税率与中国大多数税收协定中的税率保持了一致,都为 10%。

当中国居民赴欧盟成员国开展经济活动时,欧盟成员国对中国居民从欧盟成员国获得的股息、利息和特许权使用费可以征收预提所得税,所以欧盟成员国与中国双边税收协定中的最高预提所得税税率主要限制欧盟成员国的征税权。欧盟成员国对非居民的股息、利息和特许权使用费可征的法定预提所得税税率差别很大,有些高于税收协定规定的最高预提所得税税率,有些则低于协定规定的最高预提所得税税率。当欧盟成员国的法定预提所得税税率高于税收协定规定的最高预提所得税税率时,欧盟成员国在对中国居民征收预提所得税时,应受限于税收协定所规定可征最高预提所得税税率。因此,欧盟成员国若减免预提所得税税收,则需要在与中国签订的税收协定中采用税收饶让制度,才能避免欧盟成员国所减免的税收被中国的境外税收抵免法抵消。

3. 其他收入

《OECD 范本》和《联合国范本》都规定了"其他收入"条款,用于分配税收协定其他条款未明确收入的征税权。《OECD 范本》将对其他收入的征税权完全保留给了居民国,而《联合国范本》则允许来源国也对其他收入行使征税权。

在 27 个欧盟成员国与中国签订的税收协定中,有 15 个税收协定采用了《OECD 范本》条款,即规定仅居民国能对其他收入征税,[①]其中德国、法国都是中国投资者在欧盟投资时的首要目的地,这意味着中国投资者从这些欧盟成员国获得的其他收入,中国将拥有排他性的征税权。其余 12 个税收协定则采用了《联合国范本》条款,规定欧盟成员

---

① See Daurer and Krever, Choosing between the UN and OECD Tax Policy Models: An African Case Study, WU International Taxation Research Paper Series, No. 2014-160.

国与中国对于其他收入共享征税权。①

四、博弈分析:税收饶让制度对税收竞争的影响

(一) 对欧盟成员国之间竞争的影响

(1) 博弈论下的分析

博弈论是针对互动行为的分析,参与方的收益和损失也需要部分地取决于其他人的行为。② 使用这一理论分析欧盟成员国有必要采用统一的税收饶让制度,是基于假设每个欧盟成员国都是理性的,都会选择有利于实现其共同目标的策略组合。该博弈分析是在有两个欧盟成员国参与博弈的假想模型上进行的,并且假想有冲突和合作两种设定模型,这两个欧盟成员国面临着几个可以选择的策略组合。最佳的策略组合应该对两个欧盟成员国都有利,而不是对其中一国最佳和对另一国最劣。

---

① 15个欧盟成员国与中国在双边税收协定中约定,居民国对于"其他收入"将行使排他性的征税权。这些欧盟成员国分别是波兰(1988)、卢森堡(1994)、克罗地亚(1995)、斯洛文尼亚(1995)、拉脱维亚(1996)、立陶宛(1996)、葡萄牙(1998)、爱沙尼亚(1998)、爱尔兰(2000)、希腊(2002)、捷克共和国(2009)、马耳他(2010)、丹麦(2012)、法国(2013)和德国(2014)。

② See Baird, Gertner and Picker, Game Theory and the Law, Harvard University Press, 1994.

(2) 模型的设置

博弈模型的设置由以下三个要素组成：

一是博弈中的参与方。可以将任何两个欧盟成员国（甲国和乙国）作为这个博弈的参与方,这两个国家在吸引外商直接投资方面具有相似的税收和非税收因素,包括为投资者和外商投资企业提供相同的税收优惠措施。换言之,甲国和乙国应是吸引中国投资的竞争对手。

二是竞争者可采用的策略。甲国和乙国有两种可供选择的策略,包括不与中国采用税收饶让制度,或者与中国采用税收饶让制度。在此假设甲国和乙国所采取的税收饶让制度在形式和内容上也都是相同的。

三是每个参与方在达到可能的策略组合时得到的回报。研究每种可能的策略组合,并具体说明在每种情况下甲国和乙国会获得怎样的回报。假设中国对甲国和乙国的外商直接投资额分别为1000欧元,甲国和乙国都在提供税收优惠来吸引中国投资,如果每个国家的税收优惠政策能够有效地使中国投资者受益,那么每个国家通过吸引中国投资的收益将是500欧元。如果它们的税收优惠政策不能有效地惠及中国投资者,这些国家虽然仍可以吸引中国投资,但它们的收益将因税收优惠政策无效而打折扣。

当中国作为居民国采用全球所得税制度和境外税收抵免法时,税收饶让制度的一个主要功能是确保来源国税收优惠的有效性。因此在这个博弈模型的设定下,甲国和乙国在不同的策略选择组合下（即甲国和乙国是否选择与中国采用税收饶让制度）,其吸引中国投资的回报也应该是不同的。最后分析哪些策略组合对这两个欧盟成员国可能是更好的,以及这些欧盟成员国在这些策略中应如何作出理性的最优选择（见表6-9）。

表 6-9　博弈论下的税收饶让制度决策

		乙国	
		存在税收饶让制度	无税收饶让制度
甲国	存在税收饶让制度	500/500	200/700
	无税收饶让制度	700/200	300/300

在上述模型设定下,甲国和乙国在战略选择上有以下四种可能的减税策略组合:

第一种策略组合:甲国和乙国都没有在与中国的税收协定中采用税收饶让制度。这种组合的结果是,甲国和乙国的税收优惠都将被中国的全球所得征税制度和境外税收抵免法所抵消,因此它们将吸引中国投资者的数量相同,但是其税收优惠的有效性必须从其收益中扣除。如果假设它们因税收优惠政策无效而遭受的损失是 200 欧元,那么在这种组合下的甲国和乙国都将收到 300 欧元回报。

第二种策略组合:甲国在与中国的税收协定中采用税收饶让制度,而乙国不采用税收饶让制度。这种组合的结果是,在税收饶让制度所保留的税收优惠吸引下,更多中国投资者会去甲国投资。在衡量乙方的回报时,应考虑到乙方在没有税收饶让制度的情况下,其税收优惠被抵消的损失。因此在这种组合下,甲国的报酬为 700 欧元,而乙国的报酬为 200 欧元。

第三种策略组合:乙国在与中国签订的税收协定中采用税收饶让制度,而甲国则不采用税收饶让制度。与第二种策略组合的结果相反,在这种组合下,甲国的回报将是 200 欧元,而乙国的回报将是 700 欧元。

第四种策略组合:甲国和乙国都在各自与中国的双边税收协定中

采用税收饶让制度。这种组合的结果是它们的税收优惠政策都可以得到保护,这两个国家将吸引同等数量的中国投资者,并且都不必担心因税收优惠政策无效而遭受损失,因此甲国和乙国的回报都是 500 欧元。

(3) 策略选择

可以发现,在这些策略组合下,甲国的回报率排序是第二组合>第四组合>第一组合>第三组合。换言之,对甲国而言,最优回报是甲国选择采用税收饶让制度而其竞争对手乙国选择不采用税收饶让制度的策略组合,次优回报是甲国和乙国都选择采用税收饶让制度,第三是甲国和乙国同时选择不采用税收饶让制度,最劣的回报是甲国选择不采用税收饶让制度而乙国选择采用。

对于乙国而言,在这些策略组合下,乙国的回报率排序是第三个组合>第四个组合>第一个组合>第二个组合。因此与甲国类似,最优回报是只有乙国选择采用税收饶让制度,次优回报是甲国和乙国都选择采用税收饶让制度,第三是甲国和乙国都同时选择不采用税收饶让制度,最劣回报是只有乙国选择不采用税收饶让制度。

假设甲国和乙国的决策都是理性的,即它们都倾向于回报率较高的结果,甲国会选择第二种组合,而乙国会选择第三种组合。因此它们的偏好将是相反的,因为在第二种组合中只有甲国选择了税收饶让制度,而在第三种组合中只有乙国选择了税收饶让制度。

因此从税收政策的角度而言,选择这两个组合中的任何一个,都会导致对一个参与方而言最优,同时对另一个参与方而言最劣。因此这两个组合不能同时满足甲国的偏好和乙国的偏好。第二种组合和第三种组合都反映了欧盟成员国和中国之间税收饶让制度的现状。只有 5 个欧盟成员国与中国建立了双边互惠的税收饶让制度,而其余 22 个欧盟成员国未能有效地确保其税收优惠能惠及中国投资者。理论上而言,这种策略组合的后果是采用了税收饶让制度的欧盟成员国应该对中国投资有更大的吸引力,没有税收饶让制度的欧盟成员国不仅在吸引中国投资方面处于不利地位,而且其税收优惠政策实施效果也堪忧。因此,从欧盟的区域整体利益而言,成员国之间应避免采用这种不统一的税收饶让策略,而应采用统一的税收饶让策略组合。

在第一种组合和第四种组合中都显示了统一的税收饶让策略组合,即甲国和乙国都选择不采用税收饶让制度或都选择采用该制度。与第一种组合相比,第四种组合对甲国和乙国而言都有较优的回报,因为当这两个国家都选择采用税收饶让制度时,它们的税收优惠政策就避免了发生无效风险。这两个国家都可以利用税收饶让制度来确保其税收优惠效果。因此第四种组合可能是最佳的税收饶让策略选择:双方都采用税收饶让制度,并作出一致的选择。

尽管第四种组合是最佳策略选择,但在正常的博弈论形式下,参与方可能不会同时选择第四种组合,原因是一方不可能拥有另一方战略选择的对称信息。换言之,参与方都知道自己的回报是其他参与方的损失,它们也知道自己可用的策略和其他参与方可用的策略,唯一不知道的是其他参与方实际选择的策略。这种缺乏对称信息的结果是,双方都想选择对自己而言回报率最高的策略(即甲国想选择第二个组合,而乙国想选择第三个组合),那么就无法达成相互选择,从而使双方根本无法合作。因此,对称信息共享在确保博弈中的参与方选择第四种组合并成功合作方面起着决定性作用。这种对称的信息共享是可以在欧盟成员国之间实现的,因为欧盟委员会具有协调功能,能为所有欧盟成员国的战略选择提供充分、及时、对称的信息。因此,欧盟成员国应该能够选择第四个组合,并且通过采取一致的行动与非欧盟成员国(即中国)谈判统一的税收饶让制度,以此来实现欧盟成员国的合作共赢。

(4) 税收竞争

欧盟成员国和中国采用税收饶让制度时,一个不可避免的挑战是税收饶让制度可能会加剧税收竞争。税收饶让制度的主要功能是确保来源国税收减免的有效性,因此当来源国和居民国通过提供税收优惠,或者在税收协定中降低最高预提所得税税率而进行税收竞争时,人们可能会质疑在税收协定中采用税收饶让制度,是否会加剧这些国家之间的税收竞争。

该问题似乎是建立在一个假设前提上:税收竞争是有害的,所以各国不应该采用加剧税收竞争的机制。因此必须首先讨论这一假设前提,即税收竞争是不是有害的? 主张税收竞争有害论的观点往往是基于这样的理由:税收竞争可能是一场逐底竞争,将限制各国对资本收入征税的能力。[1] 这种税收能力的减少将限制政府为其居民的社会项目提供资金的能力。Hugh Ault 将这些负面影响总结为:"它在对流动活动的竞争中引起逐底竞争,最终导致对流动资本完全不征税;它使重新分配的、基于利益的收入税成为不可能;它可能要求国家转向对其他收入来源(尤其是流动性较差的活动收入)征税,特别是对劳动力征收更重的税;它可能迫使公共支出减少到次优水平;它可能阻止执行民主达成的关于税收组合和税收水平的政策决定,并使每个人的情况变得更糟。"[2] 相反,主张税收竞争有益论的观点可能会认为,税收竞争会迫使政府更有效率,因为竞争可以限制政府的扩张倾向,促进更有效的政府

---

[1] See Avi-Yonah, Globalization, Tax Competition, and the Fiscal Crisis of the Welfare State, Harv. L. Rev., Vol. 113, 2000.

[2] See Ault, Reflections on the Role of the OECD in Developing International Tax Norms, Brooklyn Journal of International Law, Vol. 34, 2009.

和政府服务,①而且税收竞争可以降低税收负担的压力,维持税收水平和公共产品之间的适当平衡。②

上述两种相反的观点表明,税收竞争既有积极作用,也有消极作用。因此笔者认为,不应该简单地认定税收竞争是有害的,一个更合适的问题可以表述为:税收饶让制度是否会激发出税收竞争的负面效应?

(二) 对欧盟成员国与非欧盟成员国竞争的影响

事实上,上述制约因素会使欧盟成员国在与非欧盟成员国竞争时处于不利地位,因为非欧盟成员国在制定税收优惠政策时可以采用更多样的形式和措施,而欧盟成员国在制定税收优惠时还受到欧盟区域协调的限制,包括国家援助制度、基本自由、防止有害税收竞争等。③税收协调一直是欧盟层面的一个长期目标,从经济学角度而言,这种税收协调的目的是在欧盟内部实现资源的优化配置,通过欧盟机构进行区域内部协调,防止欧盟成员国之间进行有害竞争,最大化地提高欧盟成员国税收优惠措施的实施效果。④ 税收竞争是许多国家颁布税收优惠政策的一个重要考量因素。随着资本和劳动力流动性的增加,各

---

① See Roin, Competition and Evasion: Another Perspective on International Tax Competition, Georgetown L. J., Vol. 89, 2000.

② See Schön, Tax competition in Europe—The Legal Perspective, EC Tax Review, Vol. 2, 2000.

③ See Kemmeren, Double Tax Conventions on Income and Capital and the EU: Past, Present and Future, EC Tax Review, Vol. 3, 2012.

④ UN, Issues Concerning the Taxation of the Extractive Industries for Consideration by the Committee, E/C. 18/2013/CRRP. 13.

国在设计税收制度时必须考虑其他国家的税收制度以及国际惯例。由于欧盟成员国在制定税收优惠政策方面的权力受到区域协调的限制,在与非欧盟成员国(例如美国、亚洲国家和其他主要经济体)竞争时,欧盟成员国实际上处于不利地位。因此,对于欧盟成员国而言,如何设计税收优惠政策,才能使其"发挥合法的作用,特别是作为一个有凝聚力的区域发展政策的一个要素"①,这个问题涉及税收优惠政策的经济效率、政治上的可行性以及税收优惠措施与欧盟法律限制措施之间的兼容性等问题。② 因此笔者认为,欧盟委员会应该制定一些指导意见,为评估国家援助或与基本自由原则不相容的措施制定一些更客观的标准,否则不仅欧盟成员国处于竞争劣势,而且也给外商直接投资和欧盟成员国税收立法都造成不确定性,甚至可能影响欧盟的整体利益。

五、会计测算:税收饶让制度对中国居民赴欧投资的影响

笔者用以下模拟案例来比较中国投资者在三个欧盟成员国设立企业时的税收成本。

---

① See Ruding, Report of the Committee of Independent Experts on Company Taxation, Luxembourg: Office for Official Publications of the European Communities, 1992.

② See Traversa, Tax Incentives and Territoriality within the European Union: Balancing the Internal Market with the Tax Sovereignty of Member States, IBFD World Tax Journal, October 2014.

(1) 在塞浦路斯设立企业,《中国和塞浦路斯税收协定》(1990)采用了税收饶让制度,形式为税收优惠饶让机制和固定比例抵免机制,根据该协定,中国承诺将饶让塞浦路斯所减免的税收。

(2) 在保加利亚设立企业,《中国和保加利亚税收协定》(1989)采用了税收优惠饶让机制,中国承诺将饶让保加利亚因提供税收优惠而减免的税收。

(3) 在意大利设立企业,《中国和意大利税收协定》(1986)采用了固定比例抵免机制,中国承诺以固定比例来抵免意大利的税收。

为了确保在相同的基础上进行比较,对案例事实作出以下假设。首先,假设中国投资者在本年度的唯一收入是位于特定欧盟成员国企业所分配的股息。该企业将产生100欧元利润,无论它位于这三个欧盟成员国中的哪一个国家,并且该企业决定将其所有利润都作为股息分配给其唯一股东——中国投资者。其次,假设这三个欧盟成员国对该企业的利润都适用相同的法定企业所得税税率,即20%,但都提供了全额的免税优惠措施。此外,这三个欧盟成员国对非居民股东获得的股息收入都适用15%法定预提所得税税率,但在当年提供全额的免税优惠措施。最后,假设这三个欧盟成员国在与中国的双边税收协定中都承诺了相同的最高来源国预提所得税税率,税率为10%。对于中国与塞浦路斯和意大利的税收协定中提供的固定比例抵免机制,假设股息预提所得税的固定抵免比例为20%。而对于中国与塞浦路斯和保加利亚之间的税收协定中提供的税收优惠饶让机制,假设该机制是对这两个国家的税收优惠都规定得较为宽泛。表6-10比较了中国投资者在这三个欧盟成员国投资设立企业时的全球税收负担。

表 6-10　中国投资者在欧盟成员国投资设立企业时的全球税收负担比较

	塞浦路斯 (税收优惠饶让机制和固定比例抵免机制)	保加利亚 (税收优惠饶让机制)	意大利 (固定比例抵免机制)
(1) 欧盟成员国:来源国税收			
企业的税前利润(a)	100	100	100
税收优惠措施下支付的企业所得税(b)	0	0	0
企业的税后利润(c)	100	100	100
分配的股息(d)	100	100	100
税收优惠措施下支付的预提所得税(e)	0	0	0
(2) 中国:居民国税收			
收到的股息(f)	100	100	100
全球收入(j)	100	100	100
计算中国所得税(h)	100(=f+(b+e)*(f/j))	100(=f+(b+e)*(f/j))	100(=f+(b+e)*(f/j))
在中国应纳税额(法定企业所得税税率25%)(i)	25(=h*25%)	25(=h*25%)	25(=h*25%)
境外税收抵免法限额(g)	25(=i*f/j)	25(=i*f/j)	25(=i*f/j)
可抵免的来源国税额(k)	36(=f*(1−20%①)*20%②+20%③)	32(=f*(1−20%④)*15%⑤+20%⑥)	20(=f*20%⑦)

---

① 假设来源国的法定企业所得税税率是20%。
② 《中国和塞浦路斯税收协定》(1990)中规定的固定抵免比例是20%。
③ 假设来源国的法定企业所得税税率是20%。
④ 假设来源国的法定企业所得税税率是20%。
⑤ 假设来源国的预提所得税税率是15%。
⑥ 假设来源国的法定企业所得税税率是20%
⑦ 《中国和意大利税收协定》(1986)中规定的固定抵免比例是20%。

(续表)

	塞浦路斯 (税收优惠饶让机制和固定比例抵免机制)	保加利亚 (税收优惠饶让机制)	意大利 (固定比例抵免机制)
抵免后在中国应纳税额(1)	0(=i-g, because k>g)	0(=i-g, because k>g)	5(=i-k)
未抵免完的来源国税额(可结转5年)(m)	11(=k-g)	7(=k-g)	0
(3) 总结			
来源国税收总额(n)	0(=b+e)	0(=b+e)	0(=b+e)
居民国税收总额(o)	0(=l)	0(=l)	5(=l)
当年全球税负(p)	**0(=n+o)**	**0(=n+o)**	**5(=n+o)**
投资者的税后回报(q)	100(=j-p)	100(=j-p)	95(=j-p)
未抵免完的来源国税额(r)	11(m)	7(m)	0(m)

从表 6-10 中可见,中国投资者在与中国采用税收饶让制度的欧盟成员国设立企业时,对于其获取的股息红利收入,中国投资者的全球税收负担将明显低于其投资到与中国未采用税收饶让制度的欧盟成员国。换言之,当中国投资者在采用税收饶让制度的欧盟成员国设立子公司时,税收饶让制度所保留的来源国税收减免,可用于降低中国投资者的全球税收负担。对于没有与中国采用税收饶让制度的欧盟成员国而言,由于中国采用全球所得征税制度和境外税收抵免法,这些欧盟成员国所减免的来源国税收都将最终归入中国国库。

正如表 6-10 中的(p)项所示,在协定中采用了固定比例抵免机制的欧盟成员国,可以降低中国投资者的全球税负,但是可降低税负将取决于其税收协定中的固定抵免比例和中国法定企业所得税税率之间的差额。在这个例子中,假设《中国和意大利税收协定》(1986)中的固定抵免比例为 20%,而中国法定企业所得税税率为 25%。则中国投资者的全球税收负担是 5%,这是较高的法定企业所得税税率和较低的固定抵免比例之间的差额。但是如果法定企业所得税税率低于固定抵免比例,中国投资者未抵免完的来源国税收将向后结转 5 年。

在保加利亚和塞浦路斯设立企业的中国投资者,其全球税负相同,即抵免来源国税收后,在中国的应纳税额为 0。但是在塞浦路斯投资时,中国投资者会产生更多超额境外税收抵免。这两个方案的差异需要比较税收协定的最高预提所得税税率、来源国法定预提所得税税率和固定抵免比例。当假设税收协定规定的最高税率为 20%,来源国的法定预提所得税税率为 15%时,若采用税收优惠饶让机制和固定比例抵免机制,将能产生更多的超额境外税收抵免。

相比之下,当中国投资者投资在那些与中国未采用税收饶让制度的欧盟成员国时,中国投资者的全球税收负担最高。

上述比较结果与 Laurey 在 2001 年的研究成果[1]得出了相同结论:即当税收协定中采用了税收饶让制度时,可以降低外国投资者的全球税收负担。该结果表明,如果欧盟成员国提供了上述假设的税收优惠,中国投资者的投资选址决策理论上应该受到欧盟成员国和中国之间税收饶让制度的影响。

---

[1] See Laurey, Re-Examining U. S. Tax Sparing Policy with Developing Countries: The Merits of Falling in Line with International Norms, Va. Tax Rev., Vol. 20, 2000-2001.

第七章
重构税收饶让制度

一、在经济全球化背景下重新审视税收饶让制度

当英国政府于1953年提出税收饶让制度时,目的可能是将其作为对外援助工具来促进英国殖民地经济发展。在20世纪60年代至90年代,主张该税收饶让制度是一项对外援助工具,与当时全球外商投资主要是从发达国家流向发展中国家的时代背景密不可分。21世纪以来,发展中国家对外投资迅猛增长,[①]为重新审视税收饶让制度的性质和合理性提供了新机会。在经济全球化背景下,发达国家也会成为来源国,发展中国家也会成为居民国,如果税收饶让制度的性质和功能保持不变,这将证明税收饶让制度不应被视为一项由发达国家用于帮助发展中国家的援助工具,而应作为一项可以被任何国家使用的协定技术性工具。

---

① See UNCTAD, Global Investment Trends Monitor: The Rise of BRICS FDI and Africa, Special Edition, 25 March 2013.

（一）税收饶让制度并非对外援助工具

笔者认为税收饶让制度不是一种对外援助工具。税收饶让制度被视为对外援助工具是有其历史原因和政治原因的。在过去的几十年里，全球的外商直接投资主要是从发达国家流向发展中国家，而且发展中国家普遍以提供税收优惠的形式，或者在税收协定中限制来源国征税权的形式，来吸引外商直接投资。由此导致的后果是发展中国家有动力在与发达国家的税收协定谈判中要求采用税收饶让制度。同时，国际税收规则规定发达国家（处于居民国的地位）对境外收入具有剩余征税权，因此发达国家声称它们牺牲了"剩余"征税权，旨在帮助发展中国家实现吸引外商直接投资的目的。

但是，不能仅基于历史原因就认定税收饶让制度是一种对外援助工具，而应对该制度的原理进行分析和辨认。在下面的章节中，笔者将首先分析两个问题：一是哪个国家牺牲了税收，从而产生了被饶让的税收？二是谁从这些被饶让的税收中受益？之后，笔者将研究税收饶让制度如何将国际税收分配行为从两方博弈变为三方博弈。最后，笔者将在外商直接投资从发展中国家流入发达国家的背景下，重新审查税收饶让制度的原理。

1. 谁是税收利益的牺牲方

在税收饶让制度下被饶让的税收，必须由缔约国双方中至少一方的税收减免所产生，因为目前国际税收规则要求对跨境收入应至少征税一次，无论由居民国征收还是由来源国征收。那么一个重要的问题就出现了：在缔约国双方之中，到底是哪个国家牺牲了税收收入，由此产生了被饶让的税收？笔者下面将分别就税收饶让制度的两个主要形式(税收优惠饶让机制和固定比例抵免机制)来分析这个问题。

(1) 税收优惠饶让机制

税收优惠饶让机制与来源国给外商投资企业、外国投资者所提供的税收优惠密切相关。其基本操作原则是：居民国在税收协定中承诺，将抵免纳税人因来源国提供税收优惠而未在来源国缴纳的税款。因此，来源国可以主张是其提供了税收优惠政策才产生了被饶让的税款，即税收饶让制度是基于来源国放弃了一定的税收收入，居民国所承诺的税收优惠饶让机制也仅限于抵免那些被来源国减免的税款。换言之，居民国将不会抵免任何超过了来源国减免金额的税款。例如，假设来源国和居民国应征收的税款总额为 100，其中每个国家征收 50。当来源国通过向纳税人提供税收优惠而放弃其税收收入中的 20% 时，居民国所承诺的税收优惠饶让机制，实际上是将被免除的来源国税收(即来源国税收的 20%)计入了其可抵免金额，即视同纳税人已经在来源国支付了该税款。因此来源国可以主张，纳税人在税收饶让制度下所保留的免征税款(即 20%)是基于来源国牺牲了其税收收入(即 20%)，居民国并未放弃任何应征税款，因为居民国所征收税款仍是其原本就可征收的税款(即 50%)。图 7-1 可以展示出来源国论证其牺牲税收收入的过程。

如果税收收入的分配只受限于《OECD 范本》和《联合国范本》第 6—21 条规定的征税权分配规则，那么上述论证听起来很有说服力，因为根据《OECD 范本》和《联合国范本》中的这些征税权分配条款，一旦缔约国之间分配了对某项收入的征税权，缔约国各方都有义务在这些分配规则所确定的边界内行使其征税权。因此，无论来源国是否放弃自己边界内的税收收入，居民国也应仅在自己的边界内征税。但是

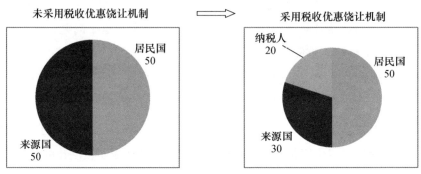

图 7-1　来源国对税收优惠饶让机制下税收收入转移途径的论证

《OECD 范本》和《联合国范本》除了在第 6—21 条规定的分配规则中将征税权分配给居民国和来源国之外，也在第 23 条中要求居民国承诺采用境外税收抵免法来避免双重征税。这实际上是为居民国提供了一份剩余征税权。因此，居民国和来源国在税收分享时并不能如图 7-1 中所示的对半分成，因为居民国基于其剩余征税权也可以主张，上例中的免征税款（即 20%）应是居民国牺牲了"剩余"的税收（即 20%），尽管这个"剩余"税收的出现是因为来源国首先放弃了其应征税份额。由此，居民国论证的税收收入牺牲路径将相应地改变为图 7-2。

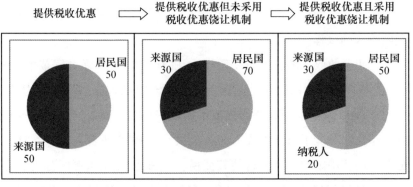

图 7-2　居民国对税收优惠饶让机制下的税收收入转移途径的论证

综上所述,在税收优惠饶让机制之下,关于哪个国家牺牲了税收收入才产生了被饶让的税款问题,需要分析税收协定中所规定的征税权分配规则和避免双重征税方法之间的互动关系。对于那些来源国被分配了专属征税权的收入,来源国可以主张是其牺牲了自己的征税权才产生了被饶让的税收,例如图 7-1 所示。但是对于来源国和居民国都有征税权的收入,居民国也可以主张其牺牲了自己的"剩余"征税权才产生了被饶让的税款,例如图 7-2 所示。

(2) 固定比例抵免机制

固定比例抵免机制是由居民国按照税收协定规定的固定抵免比例来抵免来源国预提所得税,不考虑纳税人在来源国实际缴纳的税款。固定比例抵免机制下的被饶让税款通常来自以下三个方面:

① 来源国的法定预提所得税税率<协定规定的最高预提所得税税率<固定抵免比例

当来源国的法定预提所得税税率(例如 5%)低于居民国在税收协定中承诺的固定抵免比例(例如 15%),同时也低于来源国在税收协定中承诺的对股息、利息和特许权使用费征收的最高预提所得税税率(例如 10%)时,纳税人按照 15% 抵免来源国税收时将能够受益,因为其在来源国实际支付的预提所得税税率仅为 5%。很明显,在这种情况下来源国并没有损失任何税收,因为来源国根据其法定税率征收 5%。纳税人保留的被饶让税款,是来源于居民国牺牲的税收收入,因为居民国在税收协定中承诺了较高的固定抵免比例(即 15%)。如果没有采用该固定比例抵免机制,居民国只需要抵免其居民实际支付的来源税(即 5%)。因此,纳税人保留的被饶让税款应是由于居民国牺牲税收收入而产生的。

② 协定规定的最高预提所得税税率<固定抵免比例<来源国的法定预提所得税税率

当来源国的法定税率(例如18%)高于税收协定规定的最高预提所得税税率(例如10%)时,来源国应受到税收协定的限制,最多可征收协定规定的最高预提所得税税率(例如10%)。同时,居民国有义务根据固定比例抵免机制,以15%的固定比例抵免来源国税款。因此,纳税人可以从5%的饶让税款中受益(即固定抵免比例与最高预提所得税税款之间的差额)。这5%的饶让税款既有来源国牺牲的收入,也有居民国牺牲的收入,因为来源国将其征税权从18%(即法定税率)降低到了10%(即最高征税率),同时居民国抵免15%的来源国税款,尽管纳税人在来源国实际支付的仅10%。

③ 来源国的法定预提所得税税率<协定规定的最高预提所得税税率<固定抵免比例

一些国家的法定预提所得税税率(例如18%)可能会高于税收协定中的固定抵免比例(例如15%)和协定规定的最高预提所得税税率(例如10%)。但是若这些国家提供税收优惠,则可能会将预提所得税税率降至较低水平(例如7%)。在这种情况下,结合适用被降低后的预提所得税税率(即7%)和居民国按15%的固定比例抵免源泉税,纳税人可以从中受益8%的被饶让税款。这8%的被饶让税款既有来源国牺牲的收入,也有居民国牺牲的收入,因为来源国根据其税收优惠政策将其征税权从18%(即法定税率)降低到7%,同时居民国抵免了15%来源国税收,尽管纳税人在来源国实际支付了7%。因此在这种情况下,居民国和来源国都牺牲了它们的税收收入,才使得纳税人受益于被饶让的税款。

表7-1总结了上述分析,并回答了哪个国家牺牲了税收收入,才产生了被饶让的税款这一问题。

表 7-1 哪个国家牺牲了税收收入

被饶让税款的来源	谁牺牲了税收收入
税收优惠饶让机制	
(1) 当来源国对该收入有独家征税权时	来源国
(2) 当居民国和来源国都有征税,并且居民国有剩余征税权时	居民国
固定比例抵免机制	
(1) 来源国法定预提所得税税率<协定最高预提所得税税率<固定抵免比例	居民国
(2) 协定最高预提所得税税率<固定抵免比例<来源国法定预提所得税税率	居民国和来源国
(3) 来源国法定预提所得税税率<协定最高预提所得税税率<固定抵免比例	居民国和来源国

2. 谁是税收利益的获益方

适用税收饶让制度,不仅纳税人获得直接的货币利益(即得以保留被减免的来源国税收),还会产生一些间接利益,例如,增加来源国对外商投资的吸引力,加强外国投资者和外商投资企业在来源国市场的竞争力,减少境外税收抵免法对纳税人海外利润汇回的扭曲影响等。因此,纳税人、来源国和居民国都可以从税收饶让制度中获益,这可以解释为什么缔约国双方都会同意缔结有税收饶让制度的税收协定,尽管它们可能都不得不牺牲一定的税收。

(1) 纳税人

纳税人作为居民国的税收居民,直接受益于税收饶让制度,得以保留被减免的来源国税收。对外援助工具的一个特点是,援助的接受者应该是援助计划的目标。尽管一些国家(例如美国和英国)将税收饶让制度视为对外援助工具,但税收饶让制度实际上并没有为发展中国家(即来源国)提供任何直接利益。相反,作为居民国居民的纳税人才是直接受益方。此外,发达国家(即居民国)也受益于税收饶让制度,提高了其居民在来源国市场的竞争力,减少了对其居民利润汇回的扭曲影响,因此税收饶让制度并不符合对外援助工具的特性。

(2) 来源国

来源国能通过税收饶让制度受益,因为该制度通过确保外国投资者能受益于来源国减免的税收,从而降低外国投资者的全球税收负担,可能会影响外国投资者的投资选址决策。因此,在缔结双边税收协定时,来源国往往会主张采用税收饶让制度。

(3) 居民国

居民国也能间接地从税收饶让制度中受益。居民国采用全球所得征税制度和境外税收抵免法,主要是遵循资本输出中立原则,即税收因素不应影响投资者是在国内投资还是去国外投资的决定。[①] 但是居民国的税率高于来源国,那么居民资本收入最终将适用居民国的税率,无论该收入在哪里获得,因此可能影响居民作出将境外利润汇回居民国的决定。[②] 税收饶让制度作为一种技术性工具,可以消除居民国的这些担忧。在居民国实施税收饶让制度后,其居民作为外国投资者可以保留被饶让的来源国税收,由此减少在来源国市场上与当地公司竞争时的税负劣势顾虑,也不再影响它们作出将利润汇回居民国的决定。

---

① See Vogel, Worldwide vs. Source Taxation of Income: A Review and Reevaluation of Arguments in Influence of Tax Differentials on International Competitiveness, Kluwer, 1989.

② See Smart, Repatriation Taxes and Foreign Direct Investment: Evidence from Tax Treaties, University of Toronto, February 21, 2011, http://homes.chass.utoronto.ca/~msmart/wp/oxfordv2.pdf.

(二) 改变国际税收的博弈方式：
从"两方博弈"到"三方博弈"

  国际税收规则目前主要针对在缔约国双方(即居民国和来源国)之间分享纳税人跨境收入所产生的税收,因此这种税收分享过程是一种双方博弈方式,即由缔约国双方通过缔结税收协定的方式,在税收协定中参照《OECD 范本》或《联合国范本》,旨在约定征税权分配规则和避免双重征税方法。这种双方博弈是一种零和博弈,即缔约国一方的税收收益会是缔约国另一方的损失。

  但是当在税收协定中采用了税收饶让制度时,税收分享过程将不再是一个零和博弈,因为纳税人通过从居民国或来源国(或两者皆有)获得了一部分税收份额,因此也加入博弈之中,所以税收收入的分享博弈从此前的两个参与方(即缔约国双方)变为了三个参与方(即缔约国双方和纳税人)。三方博弈的有趣之处在于,纳税人并没有参与税收协定谈判,也无权决定税收协定是否采用税收饶让制度,但是纳税人却能因税收饶让制度而直接在三方博弈中获益。

  税收饶让制度允许纳税人保留了来源国减免的税收,会导致对这部分被饶让的税收在居民国和来源国双重不征税现象。这似乎不符合目前国际税收的一项基本原则,即每项收入应被征税一次。① 但是这种双重不征税是缔约国双方的谈判合意结果,基于国家税收主权独立原则,缔约国有权力放弃部分税收收入,采用税收饶让制度,以及分配给纳税人一定的税收利益。因此,由税收饶让制度引起的双重不征税

---

  ① See Lang, Introduction to the Law of Double Taxation Conventions, 2nd edition, Linde, 2013.

与学术界通常批评的双重不征税问题不同,后者一般指的是纳税人通过筹划安排来避免或逃避在居民国和来源国的税收,旨在达到收入在任何国家都无须纳税的目的。只要缔约国双方在税收协定中同意采用税收饶让制度,那么国际社会就应该尊重缔约国双方在处理自己税收份额方面的主权。

1. 税收饶让制度与国家税收制度之间的关系

与许多发展中国家相比,发达国家的法定所得税税率一般较高。在 2014 年,全球平均企业所得税税率为 23.57%,大多数发展中国家的法定企业所得税税率不超过 25%,例如巴西(34%)、中国(25%)和俄罗斯(20%)。[①] 而在 2000 年至 2014 年期间,OECD 成员国中,大多数企业所得税税率都超过了 25%[②],并且有 10 个成员国在国内法中规定了应对非居民获得的股息红利征收预提所得税。[③] 由于发展中国家居民赴发达国家投资时,根据居民国的全球所得税制度和境外税收抵免法,将只被允许在其居民国(即发展中国家)的税负范围内抵免已支付的来源国税款。因为居民国的税率可能低于来源国税率,所以投资者在发展中国家居民国可能无法完全抵免在发达国家(即来源

---

① 参见 KPMG 网站,http://www.kpmg.com/global/en/services/tax/tax-tools-and-resources/pages/corporate-tax-rates-table.aspx.

② 在 2000 年至 2014 年期间,法定企业所得税税率超过 25% 的 OECD 成员国分别是澳大利亚(30%)、奥地利(25%)、比利时(34%)、加拿大(26.3%)、法国(36.4%)、德国(30.2%)、希腊(26%)、以色列(26.5%)、意大利(27.5%)、卢森堡(29.2%)、墨西哥(30%)、荷兰(25%)、新西兰(28%)、挪威(27%)、葡萄牙(31.5%)、西班牙(30%)和美国(39.1%)。See OECD database, http://www.oecd.org/tax/tax-policy/tax-database.htm#C_CorporateCaptial.

③ 根据国内法律对股息征收预提所得税的 OECD 成员国有:奥地利(25%)、捷克共和国(15%)、德国(26.4%)、希腊(10%)、意大利(20%)、日本(20.3%)、墨西哥(10%)、波兰(19%)、葡萄牙(28%)、斯洛文尼亚(25%)。See OECD database, http://www.oecd.org/tax/tax-policy/tax-database.htm#C_CorporateCaptial.

国)所缴纳的税款,所以发达国家的高税率可能影响其对发展中国家投资的吸引力。

尽管许多发达国家的法定所得税税率相对较高,但是也提供各种形式的税收优惠措施。Sebastian James 在 2013 年调查了 33 个 OECD 成员国,其中 21% 采用税收减免措施,30% 采用降低税率措施,61% 提供投资补贴或税收抵免,76% 提供研发相关的税收优惠,18% 允许超级扣除措施,67% 采用了经济特区、自由贸易区和其他特殊区域的政策。[①] 如果这些税收优惠政策能够惠及外国投资者,那么可以降低外国投资者在这些国家的有效税率,从而可能减轻发达国家高税率在吸引发展中国家投资方面的不利影响。

2. 税收饶让制度对税收优惠措施的作用

与发达国家投资者一样,发展中国家投资者在决定投资选址时也会受到税收因素影响。考虑到发展中国家主要采用的是全球所得征税制度和境外税收抵免法,若缔约国双方未在协定中采用税收饶让制度,则发达国家来源国所减免的税收也会有被抵消的风险。以法国为例,作为 OECD 成员国和欧盟成员国,尽管法国的法定企业所得税税率为 36.4%,但是同时也为研发活动提供了大量税收优惠,旨在吸引外国企业到法国设立研发中心。[②] 假设印度投资者在法国建立的研发中心受益于法国的税收优惠政策,将其实际有效税率降至 30%。但是印度所

---

① See James, Effectiveness of Tax and Non-Tax Incentives and Investments: Evidence and Policy Implications, SSRN, http://ssrn.com/abstract = 2401905 or http://dx.doi.org/10.2139/ssrn.2401905, September 2013.

② See France Government Website for this research tax credit, http://www.france.fr/en/working-and-succeeding-france/research-tax-credit.html.

得税税率为33.99%,[①]若法国和印度没有采用税收饶让制度,则印度将只允许抵免其居民在法国实际缴纳的税款,即按照30%的实际有效税率抵免,导致印度投资者将不得不在印度补缴税款余额。若法国和印度采用了税收饶让抵免机制,印度投资者将被视为已在法国按照36.4%法定所得税税率缴纳了全额税款,届时不但无须在印度补税,而且未抵免完的法国税款差额还将被允许结转下期抵免。从该模拟案例中可见,发达国家(法国)作为来源国时也可以利用税收饶让制度来确保其税收优惠措施能惠及外国投资者,因此在经济全球化背景下,税收饶让制度不应继续被视为发达国家援助发展中国家的工具。

(三) 税收饶让制度可供协定双方使用

税收饶让制度是来源国和居民国都可以使用的技术性工具。来源国有动力使用这一制度,旨在确保其税收减免能惠及外国投资者,从而达到吸引外商投资的目的。居民国也有动力使用这一制度,旨在加强居民在来源国市场上的竞争力,减轻居民国税收制度对利润汇回时的决策扭曲风险。以新加坡为例,无论其处于居民国还是来源国的地位,都灵活地采用了税收饶让制度,旨在实现其经济和税收战略目标。通过在税收协定中采用双边互惠的税收饶让制度,新加坡在处于来源国地位时,可以利用这一制度来确保其税收优惠效果,在处于居民国地位时,也可以利用这一制度来提高新加坡居民在海外市场的竞争力。

[①] See Gallagher, Benchmarking Tax Systems, Public Administration and Development, Vol. 25, 2005.

税收饶让制度作为一项技术性工具,不可避免地既会有积极作用也会有消极作用。笔者同意《联合国范本》注释中所采用的路径,将该制度的各种效果都披露出来,由缔约国双方决定是否采用该制度。《联合国范本》注释首先说明了税收饶让制度是一个重要但存在争议的制度;接着,注释中罗列出来该制度的积极效果和消极影响;最后,《联合国范本》注释将是否采用该机制留给缔约国双方决定。

二、在全球税收治理背景下重新审视税收饶让制度

(一)与打击有害税收竞争之间的关系

若缔约国双方在税收饶让条款中不明确限定来源国税收减免的具体范围,可能会滋生一些国家滥用税收饶让条款而进行有害税收竞争,对于税收法制建设不完善的国家这种风险相对较大。对于未约定日落期限的税收饶让条款,只要缔约国双方不达成合意废止该条款,该条款就可以继续实施。在当前不断变化的国内外投资环境下,若缔约国双方未在协定中规定日落期限,会不利于调整双方的税收政策,因此缔约国双方在谈判税收饶让条款时有必要约定一些合理的限制条件。

1. OECD 的观点

OECD 在 1998 年发布《有害的税收竞争:一个新出现的全球问题》报告(以下简称《OECD 有害税收竞争报告》),主张关于税收竞争是否"有害"问题,应基于一国的优惠税收制度对另一国税基的侵蚀程度以及所产生的溢出效应进行评估,包括:(1) 是否经济活动从其他国家转移到了提供优惠税收制度的国家,而非发生新的经济活动?(2) 投资者在东道国的经济活动程度是否与其投资或收入相匹配?(3) 享受优惠税制是否是投资者选址的主要动机?此外,OECD 还罗列了四个关键因素,供 OECD 成员国在识别有害税收竞争时参考。这四个关键因素分别为:(1) 该国的有效税率为 0 或过低,原因既包括税率过低,也包括税基过窄;(2) 该国税收制度具有"围栏"效应;(3) 该国税收制度缺乏透明度;(4) 该国与其他税收辖区缺乏有效的税收信息交换机制。

尽管《OECD 有害税收竞争报告》没有法律约束力,但是许多国家在进行税收制度改革时仍参照了 OECD 在该报告中建议的评估方法和关键因素,因此该报告对于 1998 年之后全球打击有害税收竞争项目具有一定的影响力。例如,欧盟委员会参照《OECD 有害税收竞争报告》,采取了一系列针对成员国之间税收制度的协调行动。[①]

2. 欧盟的观点

欧盟成员国之间的税收竞争问题长期以来都是争议焦点,因为它

[①] See the EU Commission website, http://ec.europa.eu/taxation_customs/taxation/company_tax/harmful_tax_practices.

关系到欧盟机构与欧盟成员国之间的权属划分问题。① 根据《欧盟运行条约》(Treaty on the Functioning of the European Union)②,欧盟成员国承诺在欧盟法律下限制其主权。因此成员国制定税收制度时需要受到欧盟基本自由规则、国家援助制度等欧盟法律限制,并且还需遵守成员国在一系列欧盟软法文件中所作出的不参与有害税收竞争承诺。③ 由于欧洲法院的职能之一是解释欧盟法律,因此欧洲法院也有权监督成员国在欧盟法律允许的范围内行使税收主权。④

(1) 行为准则

所有欧盟成员国在1998年《欧盟商业税收行为准则》(以下简称《欧盟行为准则》)中作出了政治承诺,将废除有害税收优惠措施和不再制定新的有害税收优惠措施,旨在共同解决欧盟的有害税收竞争问题。⑤ 尽管《欧盟行为准则》不是一个具有法律约束力的条约,但是基

---

① See Traversa, Tax Incentives and Territoriality within the European Union: Balancing the Internal Market with the Tax Sovereignty of Member States, IBFD World Tax Journal, October 2014.

② 《欧盟运行条约》第120条规定:"1. 为《欧盟条约》第3条所规定之目的,正如两部协定规定的,成员和联盟的行动应包括采取一项经济政策,该政策建立在成员国经济政策紧密协调、内部市场以及共同目标的确定之基础上,并按照自由竞争的开放市场经济原则予以实施。2. 同样出于《欧盟条约》第3条所规定之目的,由两部协定规定的,且根据两部协定所规定的程序,该等行动应包括一个单一货币,即欧元,以及制定和实施单一货币政策和单一汇率政策,二者的主要目标是维护价格稳定,并在不影响价格稳定的前提下,按照自由竞争的开放市场经济原则,支持联盟总体经济政策。3. 成员国和欧盟的此类行动应遵守下列指导性原则:稳定的价格、健全的公共财政和货币状况及可持续的支付平衡。"《欧盟运行条约》第121条规定:"成员国应为促进《欧盟条约》第3条所确定之目标的实现,并在121条第2款所提及的广泛指导方针的范围内,实施其经济政策。成员国和联盟应遵循自由竞争的开放市场经济原则,遵循有利于资源的有效配置及第119条所规定的原则。"以上译文参见《欧洲联盟基础条约:经〈里斯本条约〉修订》,程卫东、李靖堃译,社会科学文献出版社2010年版。

③ See Lang, Pistone, Schuch, Staringer (eds.), Introduction to European Tax Law on Direct Taxation, Linde, 2012.

④ See Judgment of the Court of 14 February 1995, Case C-279/93 Finanzamt Köln-Altstadt v. Roland. Schumacker, point 21.

⑤ See EU, Code of Conduct for Business Taxation (98/C 2/01), 6 January 1998.

于各成员国作出的履行承诺,该准则对欧盟成员国产生了事实上的约束力。《欧盟行为准则》将有害税收竞争措施定义为那些会显著降低有效税收,并且会明显影响或可能影响欧盟区域内商业活动地点的措施。《欧盟行为准则》中规定了下列五项标准,供欧盟成员国评估是否存在有害税收优惠措施:①

① 是否仅对非居民提供税收优惠或者仅对与非居民的交易提供税收优惠?

② 提供的税收优惠是否与国内市场隔离?

③ 即便没有实际经济活动或实质性经济存在,是否也提供税收优惠?

④ 对于跨国企业转让定价问题,适用的规则是否偏离国际公认原则,特别是 OECD 指南建议的规则?

⑤ 税收措施是否缺乏透明度?

《欧盟行为准则》之所以设定上述五项标准,与欧盟内部市场采用的"资源有效配置"经济理论相关,旨在通过防止成员国制定不透明、篱笆措施、不遵守 OECD 转让定价规则的税收制度,从而提高所有欧盟成员国的共同福祉。② 与此同时,《欧盟行为准则》承认公平税收竞争具有积极效果,但是并未区分"有害税收竞争"与"公平税收竞争"之间的界限,因此"公平税收竞争"的内涵和外延也是欧盟学者和立法机构长期争议的焦点问题。

(2) 基本自由规则

根据《欧盟运行条约》,欧盟基本自由规则包括下列五项自由:货

---

① See Article B of the Code of Conduct.
② See Schön, Tax competition in Europe-the Legal Perspective, EC Tax Review, Vol. 2, 2000.

物流动自由①、人员流动自由②、机构设立自由③、提供服务自由④以及资本和支付自由⑤。其中,资本和支付自由与欧盟成员国税收优惠对中国投资者的影响比较密切,因为资本和支付自由不仅适用于欧盟内部活动,也适用于第三国在欧盟的活动。在努力实现成员国与第三国之间资本自由流动目标的同时,欧洲议会和理事会应根据普通立法程序,就涉及流入或来自第三国的直接投资(包括房地产投资)、设立商业机构、提供金融服务、允许证券进入资本市场等方面的资本流动制定措

---

① 《欧盟运行条约》第28条规定:"1. 联盟构成关税同盟,该关税同盟涵盖所有货物贸易,并禁止在成员国之间对货物征收进出口关税及具有同等效果的所有费用,并且在与第三国关系方面采取共同关税税率。2. 第30条和本编第二章关于禁止数量限制的规定适用于原产于成员国的产品及在成员国内自由流通的来自第三国的产品。"以上译文参见《欧洲联盟基础条约:经〈里斯本条约〉修订》,程卫东、李靖堃译,社会科学文献出版社2010年版。

② 《欧盟运行条约》第45条规定:"1. 应保证劳动者在联盟内自由流动。2. 此等自由流动应包括,在雇佣、报酬和劳动与就业的其他条件方面,禁止对不同成员国的劳动者施加任何基于国籍的歧视。3. 除基于公共政策、公共安全和公共卫生等合法性限制外,劳动者享有以下权利:(1)接受实际提供的就业岗位;(2)为此目的在成员国领土上自由流动;(3)依照成员国关于规范其本国国民就业的法律、法规或行政措施,为就业目的在该成员国停留。(4)在符合委员会通过的条例中所规定条件的前提下,在某一成员国获得工作后在该国领土上居留。4. 本条的相关条款不适用于公共行政部门的就业。"以上译文参见《欧洲联盟基础条约:经〈里斯本条约〉修订》,程卫东、李靖堃译,社会科学文献出版社2010年版。

③ 《欧盟运行条约》第49条规定:"在下文所规定条款的框架内,禁止限制一成员国国民在另一成员国自由开业。同样禁止限制一成员国国民在另一成员国境内设立办事机构、分支机构和子公司。一成员国国民有权在另一成员国领土上,在遵守与资本有关的一章相关条款的条件下,根据机构设立地所在国的法律为该国国民设立商业机构所规定的条件,开始并从事自营活动以及设立并经营企业,特别是第54条第二段所指意义上的公司或企业。"以上译文参见《欧洲联盟基础条约:经〈里斯本条约〉修订》,程卫东、李靖堃译,社会科学文献出版社2010年版。

④ 《欧盟运行条约》第56条规定:"在如下条款规定的框架内,就成员国国民向非居民国国民提供服务而言,禁止对提供服务自由进行限制。欧洲议会和理事会可根据普通立法程序,将本章规定扩大适用于在联盟内提供服务及在联盟内开业的第三国国民。"以上译文参见《欧洲联盟基础条约:经〈里斯本条约〉修订》,程卫东、李靖堃译,社会科学文献出版社2010年版。

⑤ 《欧盟运行条约》第63条规定(详见下文)。

施①。《欧盟运行条约》第 63 条对于资本和支付自由的具体规定如下：

> 1. 在本章框架内，禁止对成员国之间及成员国与第三国之间的资本流动施加任何限制。2. 在本章框架内，禁止对成员国之间及成员国与第三国之间的支付施加任何限制。②

当欧盟成员国提供税收优惠措施时，若违反上述任何一项基本自由，则该欧盟成员国会被欧盟机构禁止实施该税收优惠措施，除非实施该措施具有充分合法的理由。在订立税收协定时，欧盟成员国也需确保不违反上述基本自由规则，因此协定中采用的税收饶让制度也属于审查范畴。当欧盟成员国处于居民国地位时，税收饶让制度存在构成歧视风险，因为只有采用了税收饶让制度，欧盟成员国居民才能受益于被饶让的税款。但是笔者认为，税收饶让制度本身并不提供歧视性待遇，正如欧盟成员国在各自税收协定中所约定的税权分配规则或避免双重征税方法不同，也不会因此对成员国居民产生歧视后果。

(3) 国家援助制度

国家援助制度禁止欧盟成员国在选择性的基础上向企业提供任何形式的好处。《欧盟运行条约》第 107 条第 1 款规定的具体条文如下：

> 除非两部条约另有规定，否则，由某一成员国提供的或通过无论何种形式的国家资源给予的任何援助，凡通过给予某些企业或某些产品的生产以优惠，从而扭曲或威胁扭曲竞争，只要影响到成

---

① 《欧盟运行条约》第 64 条第 2 款规定。
② 译文参见《欧洲联盟基础条约：经〈里斯本条约〉修订》，程卫东、李靖堃译，社会科学文献出版社 2010 年版。

员国之间的贸易,均与内部市场不符。①

关于税收饶让制度与欧盟援助制度是否兼容问题,需要在两种不同情况下进行分析。一种情况是,当欧盟成员国处于居民国地位时作出了税收饶让承诺,此时是否违反国家援助制度?另一种情况是,当欧盟成员国处于来源国地位时,居民国作出的税收饶让承诺可能导致其居民受益于来源国减免的税款,此时是否违反国家援助制度?

对于第一种情况,欧盟成员国处于居民国地位时,应关注税收饶让制度本身是否构成国家援助措施。当欧盟成员国作出税收饶让承诺,这意味着它们将放弃一定的税收收入来抵免来源国并未征收的税收。居民国所放弃的税收收入,源于居民国在遵循《OECD 范本》和《联合国范本》时获得的剩余征税权。因此欧盟成员国作出税收饶让承诺,自我限制了其剩余征税权,导致其税收收入下降,与国家援助措施中的"在选择性的基础上向企业提供任何形式的好处"具有相似性,因此有必要根据《欧盟运行条约》第 107 条第 1 款规定,进行以下四项测试。若税收饶让制度满足以下四项测试标准,则会构成国家援助措施。

① 涉及国家资源转移。这一标准要求由欧盟成员国通过转移国家资源向纳税人提供好处。② 这种资源转移的范围很广,不仅包括通过立法提供税收优惠,也包括在税收征管中给予法律规定之外的任何宽限。欧盟成员国在实施税收饶让时,实际上将其"潜在"的税收利益转移给了纳税人,因此所饶让的税款也可被解释为构成了欧盟成员国的国家资源,所以这个标准可以满足。

---

① 以上译文参见《欧洲联盟基础条约:经〈里斯本条约〉修订》,程卫东、李靖堃译,社会科学文献出版社 2010 年版。

② See European Commission, Commission Notice on the Application of the State Aid Rules to Measures Relating to Direct Business Taxation (98/C 384/03), 10 December 1998.

② 给企业提供了经济利益。这一标准要求必须给纳税人提供了一种优势，例如以各种方式减少纳税人的税收负担。在税收饶让制度之下，无论采用税收优惠饶让机制还是固定比例抵免机制，纳税人总是直接获益方，享受到免征税收的货币利益。因此，税收饶让制度确实能为纳税人提供经济利益优势，该第二条标准似乎也应满足。

③ 措施必须是有选择性的，仅有利于某些企业或某些行业。在验证税收饶让制度是否具有选择性时，关键在于分析该制度是否偏离"正常"的税收制度。① 那么，什么是"正常"的税收制度？欧盟法律并无定义，实践中也缺少统一、客观的标准。一些学者认为，既然税收饶让制度是对境外税收抵免法的一种修正工具，那么应将境外税收抵免法作为正常的税收制度，②用于比较在采用税收饶让制度和不采用税收饶让制度的情况下，是否有针对性地选择了某些企业或行业去受益于被饶让的税款。

笔者认为，只有有限的纳税人受益于税收饶让制度，并且不足以证明这一制度具有选择性。欧洲法院认为，因适用"正常"税制而产生的不同税收负担，这种事实本身并不足以判定税收制度具有选择性。选择性的评估标准应该在于纳税人——企业，只有当一项措施仅对某些企业或某些行业产生了优势时，才是有选择性的。③ 因此，税收饶让制度本身并不产生对纳税人的选择性优势，作为一项协定技术性工具，税收饶让制度可以适用于协定规定的所有纳税人。④

---

① See Nicolaides, Kekelekis and Buyskes, State Aid Policy in the European Community: A Guide for Practitioners, Kluwer Law International, 2005.
② See C-173/73 Italian Republic v. Commission of the European Communities, para 13.
③ See ECJ, Joined Cases Commission and Spain v. Government of Gibraltar and United Kingdom (C-106/09 and C-107/09).
④ See Traversa, Tax Incentives and Territoriality within the European Union: Balancing the Internal Market with the Tax Sovereignty of Member States, IBFD World Tax Journal, October 2014.

④ 扭曲了欧盟成员国之间的竞争和贸易。当只有部分欧盟成员国在税收协定中承诺采用税收饶让制度，而其他成员国并未作出饶让承诺时，需要分析所承诺的税收饶让制度是否扭曲了成员国之间的竞争和贸易。由于缔约国双方在税收协定中约定的税收饶让制度内容和范围存在差异，可能导致纳税人最终受益的可饶让税额有所不同，因此确实会产生扭曲欧盟成员国之间竞争和贸易的风险。

通过进行上述四个测试后，可以发现税收饶让制度本身不构成国家援助措施，因为上述选择性标准无法得到满足。所以，处于居民国地位的欧盟成员国作出税收饶让承诺，并不构成国家援助措施。

对于第二种情况，欧盟成员国处于来源国地位时，应关注欧盟成员国的税收减免措施是否构成国家援助措施，因为当欧盟成员国处于来源国地位时，税收饶让制度承诺是由协定伙伴国（即处于居民国地位）而不是欧盟成员国所作出的。

对于固定比例抵免机制下，欧盟成员国在税收协定中承诺限制其预提所得税税率问题，其实质是欧盟成员国为避免双重征税而采取的行动是否应受到国家援助制度的约束。欧盟委员会在1998年明确地将成员国采取避免双重征税措施行为排除在国家援助制度适用范围之外，因为欧盟也将消除双重征税作为其政策目标之一。关于税收优惠饶让机制下欧盟成员国提供税收优惠措施的合规性问题，首先应测试税收优惠措施是否属于国家援助措施。主要通过实施《欧盟运行条约》第107条第1款中的四项测试进行，关键在于考察欧盟成员国提供的税收优惠措施是否具有选择性，然后再测试税收优惠措施是否能与内部市场兼容。欧盟委员会在宣布援助措施与共同市场兼容方面具有一定的自由裁量权，欧盟成员国有义务提供充分、适当的理由来证明其税收优惠措施的兼容性。① 因此,当欧盟成员国处于来源国的地位时,需要对其税收优惠措施的内容和实施程序进行严格审查,以防构成国家援助措施。但是,这种对税收优惠措施的审查,不应影响税收协定中税收饶让条款的有效性。

(二)与打击逃避税行动之间的关系

在经济全球化背景下,跨国企业出于利益最大化考虑,可能会发生滥用税收饶让条款进行逃避税的情形。《1998 年 OECD 税收饶让报告》对于税收饶让制度的批评似乎并未直接针对税收饶让制度,而是针对来源国的税收优惠政策。Kim Brooks 也认为受税收饶让条款保护的税收优惠政策导致发展中国家的税基被侵蚀,而发展中国家却没有促进增长和提高生产力的投资。即便没有税收饶让制度,税收优惠仍然可以成为滋生纳税人滥用税收协定的温床。《1998 年 OECD 税收饶让报告》曾讨论过一些限制协定滥用的方法,例如在税收协定中加入"受国内反滥用规定的约束"条款,在税收协定标题和序言中增加反避税目的,采用利益限制条款,采用主要交易目的条款,采用一般性反滥用条款等,但是这些方法会给纳税人带来不确定性,实践中也会给税务部门和司法机构过多的自由裁量权。②

中国早期为了吸引外商投资而实施了大量税收优惠措施,并且在与发达国家缔结税收协定时曾坚决要求采用税收饶让条款,但是在实

---

① EU, State Aid Manual of Procedures—Internal DG Competition Working Documents on Procedures for the Application of Articles 107 and 108, Treaty of the Functioning of the European Union, European Union, 2013.

② See Lang, BEPS Action 6: Introducing an Antiabuse Rule in Tax Treaties, Tax Notes Int'l, May 19 2014.

践中并没有建立起相应的评估机制来监督和衡量税收饶让制度的实施效果。建立合理的税收饶让制度评估机制,对于中国今后签订和实施税收饶让条款具有重要意义,这种评估机制应至少具备两方面功能:一方面应对税收饶让制度进行定性分析,主要分析实施税收饶让条款是否符合中国的政策目标。另一方面应对税收饶让实施情况进行定量分析,即采用成本效益分析方法,测算实施饶让抵免的成本、外国投资者的受益情况以及相关的社会经济效益,最终得出相关的效率评价。[①]此外,通过对已有税收饶让条款的执行效果进行评估,也是决定中国与缔约国另一方是否续签或者延期税收饶让条款的依据。

三、重构税收饶让制度的路径和方案

(一) 路 径 选 择

欧盟成员国在谈判统一的税收饶让制度时,有三种可选路径。

第一种路径是每个欧盟成员国与中国重新谈判双边税收协定,在现有协定中增加新的税收饶让条款。欧盟委员会可以起草一个税收饶让条款示范条文,推荐给所有欧盟成员国。通过采取该路径,欧盟成员国能采用统一的税收饶让制度,并且获得对称信息。该路径的实施成本较高,因为27个欧盟成员国都需要分别与中国重新谈判双边税收协定,而且谈判结果难以预测。

[①] 参见张伦俊:《税收与经济增长关系的数量分析》,中国经济出版社2006年版。

第二种路径是起草一份含有税收饶让条款的欧盟示范公约,所有欧盟成员国都使用该示范公约与中国谈判新的税收协定。该欧盟示范公约不仅制定了统一的税收饶让条款,也能实现欧盟成员国税收协定政策的趋同化。事实上,制定欧盟示范公约并非新想法,因为早在1957年建立欧洲经济共同体时,已有学者建议制定欧盟成员国与非成员国之间缔约的示范公约,此后1968年制定了《欧共体协定示范草案》,1992年发布了《鲁丁报告》(Ruding Report)[1],都在推动制定欧盟示范公约。但是实施该路径的困难也在于谈判中时间成本和不确定过大。

第三种路径是所有欧盟成员国与中国谈判一个多边税收协定,其中采用税收饶让制度。笔者认为,该路径是所有欧盟成员国的最佳选择。欧盟共同体单一市场要求采用统一的法律和税收工具,所有欧盟成员国与中国缔结一个多边税收协定,也能解决双边税收协定下日益复杂的三角税收等问题。[2]

笔者承认,由27个欧盟成员国与中国谈判一个多边税收协定会困难重重,然而这并不意味着该路径不可行。北欧国家(芬兰、瑞典和丹麦)在1983年已经与冰岛和挪威签订了多边税收协议[3],取代了五国此前的双边税收协定。如果欧盟成员国都选择采取第四种策略组合,那么必须确保欧盟成员国都以相同的形式和相同的文本采用税收饶让制度,因为统一的税收饶让制度可以防止欧盟成员国在税收饶让制度的形式、范围和日落期限等问题上产生差异,避免欧盟内部发生有害税

---

[1] See Ruding, Report of the Committee of Independent Experts on Company Taxation, Luxembourg: Office for Official Publications of the European Communities, 1992.

[2] SEC/2001/1681 final, Commission Company Taxation in the Internal Market, Staff Working Paper.

[3] See Nordiska skatteavtalet (Nordic Convention), signed in Helsinki on 22 March 1983.

收竞争。

前文中对中国和欧盟成员国税收制度的理论分析也表明,税收饶让制度应该能影响中国投资者的选址决策,而且在税收协定中采用税收饶让制度能够同时惠及中国和欧盟成员国。从居民国的角度而言,中国担心其境外税收抵免法会使中国投资者在海外市场上处于不利的竞争地位,也可能会扭曲它们的利润汇回决定。从来源国的角度而言,欧盟成员国在制定税收优惠政策时受到欧盟法律的限制,导致其无法像美国、澳大利亚、日本等非欧盟成员国竞争对手那样自由地制定税收优惠政策。因此欧盟成员国有必要采用税收饶让制度,确保其数量有限的税收优惠措施能够惠及外国投资者。因此,笔者认为欧盟成员国和中国都需要重新考虑其税收协定政策,包括征税权分配规则和税收饶让制度。在税收饶让制度方面,笔者认为中国应恢复在税收协定中采用税收饶让制度,以加强中国投资者在海外市场的竞争力,并减少中国的境外税收抵免法对利润汇出的扭曲。此外,笔者认为所有欧盟成员国应采用统一的税收饶让制度。

(二) 技 术 方 案

与其他协定条款一样,税收饶让条款的谈判是居民国和来源国之间的斗争。在谈判税收饶让条款时,可能会考虑到许多因素,包括但不限于缔约国双方的税收制度、税收协定政策、经济和政治利益的差异以及协定谈判能力等,这些都决定了税收协定中最终达成的税收饶让条款必须是妥协和折中的结果。

(1) 哪种形式

固定比例抵免机制可为缔约国双方和投资者都提供确定性。缔约国能计算出被饶让的税额,投资者也能估算其税收利益金额。来源国可能更倾向于采用固定比例抵免机制,因为来源国仍可修订其国内法中的预提所得税税率。居民国可能也会倾向于采用固定比例抵免机制,因为按固定比例计算可抵免来源国税收时,居民国的行政负担较轻。

税收优惠饶让机制方案可以明确针对来源国的特定税收优惠政策,或者排除某些类型的税收优惠措施。来源国可能倾向于采用适用范围较宽泛的税收优惠饶让机制。居民国则可能倾向于承诺一些针对来源国特定的、具体的税收优惠措施的税收优惠饶让机制,因为在实施中居民国能确定来源国合格税收优惠的范围,来源国随后也就难以扩大税收饶让条款的适用范围。若不限定税收优惠饶让机制的适用范围,来源国就获得此后制定新税收优惠或者改变现有税收优惠的裁量权。

(2) 是否附加日落期限

来源国通常不愿意为税收饶让制度附加日落条款,因为外国投资者可能会在日落期限结束前将利润汇回居民国。《1998 年 OECD 税收饶让报告》中批评税收饶让制度会鼓励投资者将利润汇回居民国,而不是将这些利润用于在东道国再投资。这种批评显然是基于这样一个假设:如果居民国的境外税收抵免法不会抵消来源国减免税收的效果,那么外国投资者会优先考虑将其利润汇回居民国,而不是将其利润再投资于来源国。然而 OECD 在《1998 年 OECD 税收饶让报告》中并没有提供任何理论研究或实证研究来支持其这种假设。笔者认为,应该根据不同形式的税收饶让制度来研究外商投资利润汇回的动机。在附有日落期限的税收饶让制度下,外国投资者可能有动机在日落期限内将其利润汇回居民国。一旦日落期限届满,其汇回的利润所对应的免征税款将不能再受益于税收饶让制度。

但是居民国应该倾向于采用日落期限,以便在日落期限届满时获得审查和重新谈判税收饶让条款的机会。中国税收协定中的日落期限一般为 5 年、10 年或 15 年。当一些日落期限届满时,缔约国双方在协定中的角色可能已经发生了转变。因此笔者认为,缔约国在为其税收饶让制度附加日落期时应该谨慎,并且应预测日落期限届满时缔约国双方的经济发展情况。

(三) 示 范 条 款

《OECD 范本》和《联合国范本》没有为税收饶让制度提供一个示范条款。《OECD 范本》(2010)的注释所列的仅是税收饶让制度的一些基本形式,并指出这些形式可能构成对《OECD 范本》第 23A 条(境外收入免税法)和第 23B 条(境外税收抵免法)的偏离。《联合国范本》(2010)注释中引用了 OECD 的注释声明。笔者为税收饶让条款提出以下建议文本:

(1) 中文文本:"在缔约国缴纳的税款应被视为包括若非根据缔约国法律为促进发展而对该年度的任何部分给予免税、减税或其他税收优惠而应作为缔约国税款的任何数额。

虽有上款规定,但为抵免根据本协定第十条(股息)、第十一条(利息)和第十二条(特许权使用费)的规定对来自缔约国的收入所缴纳的税款,缔约国的税款应被视为按[由缔约国谈判决定的]固定比例支付。"

(2) 英文文本:"The tax paid in a Contracting State shall be

deemed to include any amount which would have been payable as the Contracting State's tax for any year but for exemption, reduction or other incentives of tax granted for that year on any part thereof under the laws of the Contracting State for the promotion of development.

Notwithstanding the above paragraph, for the purpose of deducting the tax paid on income derived from the Contracting State in accordance with the provisions of Articles 10(dividend), 11(interest) and 12 (royalty) of this Agreement, the Contracting State's tax shall be deemed to have been paid at a fixed rate [that to be filled in by the Contracting States during their treaty negotiation]."

上述文本描述的是一个双边互惠的税收饶让制度,采用的是税收优惠饶让机制和固定比例抵免机制的混合形式。上述第一段规定的是税收优惠饶让机制,针对"为促进发展而对该年度的任何部分给予免税、减税或其他税收优惠"。笔者使用了"促进发展"一词,而不是目前税收饶让协定中经常使用的"促进经济发展",因为来源国提供税收优惠措施也可为实现教育、环境、社会等其他目的。笔者尽可能涵盖来源国的各类税收优惠措施,描述尽量宽泛,不仅包括了税收减免和降低税率,还包括采用投资补贴、加计扣除、税收抵免等其他税收优惠措施。因此,当居民国国内法律允许间接抵免时,居民也能够抵免来源国子公司所享受的税收优惠。上述第二段规定的是固定比例抵免机制,仅适用于非居民获得来源国的股息、利息和特许权使用费收入,具体的可抵免固定比例由缔约国双方谈判后填入。笔者在上述建议条款文本中未附加任何日落期限,避免日落期限可能影响外国投资者的投资决策和利润汇回决策。

第八章
税收饶让制度的未来

一、税收饶让制度的新理论

　　从20世纪50年代至今,许多国家对税收饶让制度的态度发生了转变。税收饶让条款对促进资本国际流动产生了重要的影响,但是由于缔约国对税收饶让条款的过度使用以及条款自身存在的一系列缺陷,既要看到该制度的弊端,同时也要承认该制度所产生的影响。

　　从当前全球发展的角度而言,各国经济发展极不平衡,发展中国家大多长期处于国际资本流动中心之外,其往往通过给予国外投资者税收优惠待遇以吸引外资来发展本国经济。但由于境外税收抵免法的缺陷,外国投资者往往不能真正享受来源国的税收优惠,而税收饶让制度则可以弥补这一缺陷。从这个角度而言,税收饶让制度可以促进发达国家资本向发展中国家流动,从而缩小发达国家与发展中国家的差距。这实际上有助于经济全球化的发展,符合国际税收中性原则的要旨。由于发展中国家一般多是作为资本输入国,而发达国家多是作为资本输出国,如果没有税收饶让制度,发展中国家的税收优惠会被"转移"到发达国家,这实质上阻碍了发展中国家的资本输入。

缔结含有税收饶让条款的税收协定正是通过缔约国之间协调,降低企业税负,节约各国税收的经济成本,提高经济的运行效率。从这个角度而言,税收饶让制度符合缔约国双方的利益,很大程度上体现资本应在世界范围内自由流动的宗旨。实行税收饶让制度的国家,在税前投资收益率相同的前提下,其对外投资者向来源国投资所要缴纳的税负往往会低于向居民国投资所要缴纳的税负,这有利于居民国扩大对外投资。因此,资本输出国为了促进其资本向全球扩张,占领国际市场,一般是作出单边税收饶让承诺的一方。而资本输入国通常是作为接受承诺的一方,从而引进外资,带动本国产业的发展。从这个角度而言,税收饶让制度绝不仅仅是发达国家对发展中国家实施的一种所谓的"援助工具",而是双方共赢的一种税收安排。发展中国家需要资金和技术,而发达国家需要市场和资源,这本就是双方互补互惠的一种体现。而税收饶让制度实质上是一种双赢的策略。发展中国家给予国外投资者税收优惠,从而有利于引进国外资金及先进技术,开发本国市场和资源,发展本国经济的同时也会增加本国税收收入。发达国家作出税收饶让的承诺,给对外投资企业减负,有利于本国对外投资规模的扩大,企业可以将多余的海外利润汇回国内或者再投资,从某种程度上而言也可以间接扩大居民国企业的税基。通过税收饶让制度,使得跨国投资者能够真正成为税收饶让的获利者,这样一来,跨国投资者对外投资的热情更加强烈,更愿意到那些有税收饶让协定的国家去投资,发挥国家税收政策的导向作用。

笔者认为,首先,税收饶让制度不是发达国家用于帮助发展中国家的对外援助工具。税收饶让制度之下被饶让的税款,不仅是发达国家(即居民国)作出的税收牺牲,发展中国家(即来源国)也作出了一定的税收减免。发达国家与发展中国家一样,也受益于税收饶让制度,加强其居民在海外市场的竞争力,减少了居民作出利润汇回决策时的不利影响。当发达国家处于来源国地位时,也需要利用税收饶让制度的功能,确保其税收减免能惠及外国投资者。当发展中国家处于来源国地位时,税收饶让制度的功能保持不变。因此,笔者认为,税收饶让制度不应该被视为一种对外援助工具,在发展中国家对发达国家投资的背景下,税收饶让制度的所有特点和功能都没有改变。

其次,笔者认为,税收饶让制度是一项协定技术性工具,它既有积极作用,也有消极作用,但是居民国和来源国都可以使用。采用税收饶让制度的必要性在于居民国的境外税收抵免法的不足,因此税收饶让制度在居民国和来源国之间提供了一个桥梁,旨在确保饶让的税款直接惠及纳税人,间接惠及居民国与来源国。因此,三方参与者(即纳税人、居民国和来源国)都可以收益,实现促进居民国与来源国之间开展经济活动的目标,这将是一个"三赢"的结果。

最后,笔者认为,各国都应在税收协定中采用税收饶让制度。欧盟成员国受到欧盟法律的限制,不能为了实现内部市场概念而制定税收优惠政策,同时,欧盟成员国仍然需要与非欧盟成员国竞争。因此,只要欧盟成员国需要通过提供税收优惠或实施税收协定来吸引外商投资,就应该在税收协定中采用税收饶让制度。

二、税收饶让制度的新实践

本书的研究背景是中国向欧盟国家投资,但本书的研究结果应该适用于世界各国的外商投资活动。日益增长的发展中国家向发达国家投资活动,为重新考虑各国税收协定政策,尤其是税收饶让制度,提供了一个新的视角。通过分析税收饶让制度与中国(从居民国角度)和欧盟成员国(从来源国角度)的税收制度之间的相互作用,以及通过比较有税收饶让制度对中国企业赴欧盟的影响,本书提出所有欧盟成员国有必要采用统一的税收饶让制度。

大多数发展中国家对税收饶让条款持欢迎态度。发展中国家往往存在基础设施薄弱、法制不健全等问题,因此为了吸引国外投资者,往往会对其实施大量的税收优惠。为了确保税收优惠发挥效果,20世纪八九十年代中国签订的税收协定中基本都含有税收饶让条款。而像新加坡、马来西亚这样经济水平不断提高的发展中国家,与发达国家之间的差距不断缩小,从而贸易和投资流量的分布也更加均匀,能够从资本输入国转变为资本输出国,因此这些国家在对外谈签税收协定时,会更灵活地适用税收饶让条款。当作为资本输入国时,在考虑成本效益的基础上,这些国家会要求其主要的资本输出国承担税收饶让义务。例如,在新加坡和加拿大签订的税收协定中,加拿大单方承诺向新加坡实施税收饶让制度。而经济发展程度相似的国家在谈签税收协定时,则互相给予税收饶让承诺。如《中国和马来西亚税收协定》(1985)中规定双方互惠的税收饶让机制。作为资本输出国时,这些国家则从自身利益角度出发衡量税收饶让带来的效益,以决定是否给予资本输入国税收饶让。例如《中国和新加坡税收协定》(1986)中含有新加坡单方给予中国税收饶让的条款。

三、中国对于税收饶让制度的新立场

中国对税收饶让制度的研究起步较晚。20世纪80年代初,为配合改革开放而开始缔结双边税收协定时,高尔森、邓子基等学者通过著书立传将税收饶让制度介绍到中国。但是在之后的40年间,却与西方学术界形成了一个截然相反的研究顺序。首先,在20世纪80年代至21世纪10年代,中国学术界对税收饶让制度呈现出的是支持态度,而且中国在该时期所缔结的双边税收协定也基本上都采用了该制度。原因有二:(1)中国当时正处于吸引外商投资阶段,在与发达国家缔结双边税收协定时,中国一般处于来源国立场,所以需要保护来源国的税收利益;(2)在2008年《企业所得税法》实施之前,中国为外商及外商投资企业提供了大量的所得税优惠,因此也担心这些税收优惠的有效性。反而在最近十年里,中国学者开始提出应谨慎采用税收饶让制度,因为一方面随着中国的对外投资增长,在税收协定政策上中国正逐渐转换到居民国立场,继续采用税收饶让制度将造成中国税收收入减少;另一方面,2008年《企业所得税法》实施之后,中国的税收优惠在不断地缩减,采用税收饶让制度的必要性也相应地降低了,所以中国在缔结双边税收协定时也极少同意采用税收饶让制度。这种对税收饶让制度态度的转变,实质上是回归到了学术界一直争论不休的一个基础性问题:税收饶让制度的性质和功能到底是什么?假如继续在双边税收协定关系下分析和争论这个问题,似乎只能陷在居民国和来源国之间经济较量与国家税收利益的博弈之中,仍然无法达成一致。

改革开放四十多年,中国经济迅速发展,对外投资政策已经从注重"引进来"向"引进来"和"走出去"共同发展的方向转变,随着"一带一路"战略的稳步推进,与引进外国投资者相比,中国政府更加关注企业"走出去"。中国的税收协定正逐步从注重保护来源国的征税权转向维护居民国的征税权,这种角色的转变与中国在经济战略上从重视

"引进来"逐步转向加强"走出去"保持一致。① 在这样的背景下,中国在适用税收饶让制度的过程中,除了条款本身存在的问题,也需要从居民国角色来评估税收饶让制度的一些关键性问题:原有的税收饶让条款是否还能适应中国的经济发展？税收饶让作为一种配合投资东道国税收优惠的政策是否真的有效？在实施过程中会产生些什么样的问题？各国对税收饶让的态度是如何转变的？美国作为最主要的发达国家,为何不给予其他国家税收饶让？

为了推动对外投资,中国需要站在资本输出国的立场上考虑什么样的税收政策能保护中国居民的利益和增强它们在海外市场上的竞争力。但同时,中国也需要继续吸引投资,确保中国提供的税收优惠措施都能惠及投资者。因此,中国目前的经济状况决定了新加坡灵活多变的税收饶让政策对中国有很好的参考价值。鉴于中国的全球所得税制度、境外税收抵免法和严格的受控外国企业制度,可能会出现以下两个方面的问题:一是中国投资者在来源国市场的竞争劣势;②二是中国投资者将利润汇回中国的决定被扭曲。③ 税收饶让制度是可以消除这些担忧的技术。

当中国站在资本输出国的立场时,目前的税收饶让制度已经难以对中国企业在海外市场上的竞争力有所帮助。东道国可能会提供一些税收优惠措施,例如较低的税率或者税收减免等,但因为税收协定中缺乏中国的税收饶让承诺,中国企业回国补税时只能够按照在东道国实际缴纳的税款进行抵免,导致了企业实际上并没有真正保留住东道国

---

① 参见李娜:《中国税收协定政策与金砖国家税收合作》,载《国际税收》2016 年 11 期。
② See Lang, BEPS Action 6: Introducing an Antiabuse Rule in Tax Treaties, Tax Notes Int'l, 19 May 2014.
③ 参见詹正华、陈星汝:《税收饶让与延期纳税对 ODI 作用的比较研究》,载《税务与经济》2012 年第 5 期。

的这些税收优惠。这与美国企业在海外投资时所面临的税收问题类似,对中国企业的海外竞争力和将来把海外利润汇回国内都会产生不利影响,而且长此以往,中国企业也难免会利用各种避税架构来推迟回国补税的义务。因此,可以预见,待到中国企业在海外的投资达到一定规模时,中国将也会面临美国目前所面临的税收政策困境。所以,中国必须尽早作准备。

既然需要充分利用税收饶让制度可以降低纳税人税负的功能,而且还要配合中国既需要推动对外投资也需要继续吸引投资的经济战略,那么重构中国税收饶让制度的基本路径就是应该在税收协定中灵活地、有针对性地使用该制度。另外,在谈签饶让条款时,中国需要注意对饶让条件、存续期限都应严格地限制,确保受益人是中国税收居民,而且必须与中国税收居民在来源国从事的经济活动在实质上相一致,不能过多地放弃中国的税收利益,也不能让纳税人将此制度作为逃避税的手段。

实施税收饶让制度毕竟要牺牲中国一定的税收收入,所以使用该制度必须建立在对缔约国的个案分析基础上,然后有针对性地设计饶让机制。具体而言,对于某些特定国家或地区,中国应站在资本输出国的立场上给予税收饶让。例如,在非洲国家之中,中国仅与毛里求斯、赛舌尔、突尼斯、摩洛哥和埃塞俄比亚在税收协定中约定了税收饶让条款,而对于目前中国企业投资比较活跃的前十大非洲国家[①],中国尚未与任何一个签订税收饶让协议。为了确保中国企业在这些非洲国家从事经济活动时无须顾虑回国补税的负担,有必要在与这些国家的税收

---

① 根据商务部发布的《中国对外投资合作发展报告》(2015),截至2014年底,在中国直接投资存量的前十大非洲国家依次为南非、阿尔及利亚、尼日利亚、赞比亚、刚果(金)、苏丹、津巴布韦、安哥拉、加纳、刚果(布)。

协定中引入税收饶让制度。同时，对于一些中国希望能够引导中国企业去投资的国家，也应在与其签订的税收协定中采用税收饶让条款，发挥该制度对企业投资决定的影响作用。另外，中国每年会以物资援助的形式支援一些经济不发达国家，实际上，可以用税收饶让制度来取代这些物资援助，因为当中国承诺税收饶让时，就会牺牲中国一定的税收收入来认可这些国家提供的税收优惠，引导中国企业到这些国家去投资。此外，对于中国既需要继续吸引投资，同时中国对外投资也逐步增多的国家和地区，宜坚持双边互惠的税收饶让制度，既增强中国企业投资时的竞争力，也便利中国吸引投资。

与改革开放初期相比，中国经济经过四十多年的发展，国内外的经济环境发生巨大的变化。在这样的背景下，早期签订的税收协定已经不适应中国现阶段的税收政策，尤其是税收协定中的税收饶让条款。税收通过影响跨国投资企业的成本利润率从而影响其经营状况，是协调国与国之间贸易往来的杠杆，关系中国国际贸易的发展。在未来几年，从发展中国家流向发达国家的外商直接投资将继续增加。中国和世界上的其他国家都必须考虑到在这种新的投资趋势下的立场变化，重新考虑其税收协定政策。实施推动对外投资战略意味着中国需要转换角色，站在资本输出国的立场上，在一定时期内发挥税收的调节作用，补偿中国企业在对外投资时面临投资东道国陌生的政治、经济、社会、市场所承受的巨大风险，来考虑如何增强中国企业对外投资时的积极性和竞争力，同时也要确保不能过度地损害中国的税收利益。

税收饶让制度具有影响企业投资决策和提高企业在海外投资时竞争力的功能，可以为中国实施对外投资战略所用。改革一个国家的税收制度通常涉及复杂和耗时的立法改革程序，税收饶让制度可以避免这些程序性问题，因为这一机制体现在税收协定的规定中。通常情况下,协定的批准过程可能没有国内立法改革那么复杂。因此,这种机制可以作为反映在税收协定条款中的过渡战略,而不是立即将税收制度改变为属地管辖原则或完全境外收入免税法。因此,本书的观点是,中国应利用税收饶让制度影响企业投资决策和增强企业海外竞争力的功能,在税收协定中有针对性地、灵活地使用该制度,提高中国企业对外投资时的积极性和竞争力,但同时也要确保不过度地损害中国的税收利益。

后　　记

　　一切都缘起于 2008 年的冬日,当时我在美国波士顿大学读税法专业硕士,偶然翻到哈佛大学 Stanley Surrey 教授于 1958 年发表的论文 The Pakistan Tax Treaty and "Tax Sparing",主张美国不应给予任何国家税收饶让。猛然间想到我国在改革开放之初,曾经提供了大量税收优惠来吸引外国投资者。既然美国不同意在《中国和美国税收协定》(1984)中采用税收饶让条款,那么我国的税收优惠到底是惠及了美国投资者,还是依据美国境外收入抵免法被缴进了美国国库？说不清是爱国心还是好奇心驱使,那一夜我辗转反侧,无法入眠,决心要理清楚税收饶让制度与外商投资之间的关系。

　　为了能把想法变为现实,2012 年 9 月至 2015 年 6 月,我到维也纳经济大学攻读国际商税法方向博士,师从 Michael Lang 教授,在博士论文中探讨了税收饶让制度的起源、机理和功能,以及对中欧经贸往来的影响。2015 年 6 月毕业回国后,林燕萍教授接纳我到华东政法大学做博士后,使我得以继续探究税收饶让制度对中国企业海外竞争力的影响,从而将对该制度的研究从技术角度拓展到国家政策角度。2019 年,荷兰国际财政文献局(International Bureau of Fiscal Documentation)出版了我的博士论文 The Tax Sparing Mechanism and Foreign Direct Investment。之后,我开始写关于该制度的中文版书稿,希望能进一步从国际税制改革的角度来研究税收饶让制度。

在上海市高水平地方高校(学科)建设项目的资助之下,这本中文小书终于能够出版了,算是实现了十三年前那个冬日里我许下的心愿。这本书除了总结税收饶让制度的发展过程、学术争论以及与跨境经贸活动之间的关系之外,有两个方面的内容也许对我国的理论研究和实务工作有特殊的参考价值:一是对于税收饶让制度的国别研究(包括英国、美国、日本、巴西、新加坡以及中国)和对相关国际组织的文献研究;二是在全球税收治理背景下对税收饶让制度重构和发展的思考。

最后,感谢我的工作单位华东政法大学将本书列入70周年校庆丛书;感谢北京大学出版社刘秀芹编辑付出大量的精力来校对书稿。

十三年磨一剑,对于一切所学所获,我都心存感恩!

李 娜

2021 年 12 月 31 日

于上海

图书在版编目(CIP)数据

税收饶让制度研究/李娜著. —北京:北京大学出版社,2023.11
ISBN 978-7-301-34706-5

Ⅰ. ①税… Ⅱ. ①李… Ⅲ. ①税收制度—研究 Ⅳ. ① F810.422

中国国家版本馆 CIP 数据核字(2023)第 232165 号

书　　名	税收饶让制度研究
	SHUISHOU RAORANG ZHIDU YANJIU
著作责任者	李　娜　著
责 任 编 辑	刘秀芹
标 准 书 号	ISBN 978-7-301-34706-5
出 版 发 行	北京大学出版社
地　　址	北京市海淀区成府路 205 号　100871
网　　址	http://www.pup.cn　新浪微博:@北京大学出版社
电 子 邮 箱	zpup@pup.cn
电　　话	邮购部 010-62752015　发行部 010-62750672
	编辑部 021-62071998
印 刷 者	三河市博文印刷有限公司
经 销 者	新华书店
	880 毫米×1230 毫米　A5　8 印张　200 千字
	2023 年 11 月第 1 版　2023 年 11 月第 1 次印刷
定　　价	49.00 元

未经许可,不得以任何方式复制或抄袭本书之部分或全部内容。
版权所有,侵权必究
举报电话:010-62752024　电子邮箱:fd@pup.cn
图书如有印装质量问题,请与出版部联系,电话:010-62756370